Christina Schaller

Eltern und Kind – ein starkes Team

Christina Schaller

Eltern und Kind –
ein starkes Team

So schaffen Sie die besten
Voraussetzungen für Schulerfolg

Kösel

FSC

Mix

Produktgruppe aus vorbildlich
bewirtschafteten Wäldern und
anderen kontrollierten Herkünften

Zert.-Nr. SGS-COC-1940
www.fsc.org
© 1996 Forest Stewardship Council

Verlagsgruppe Random House FSC-DEU-0100
Das für dieses Buch verwendete FSC-zertifizierte Papier
Munken White liefert Mochenwangen.

Copyright © 2009 Kösel-Verlag, München,
in der Verlagsgruppe Random House GmbH
Umschlag: fuchs_design, München
Umschlagmotiv: Brand X Pictures/Strandperle;
Dylan Ellis, Thomas Northcut/Getty Images
Mit Illustrationen von Björn Maier, München
Druck und Bindung: GGP Media GmbH, Pößneck
Printed in Germany
ISBN 978-3-466-30818-7

Weitere Informationen zu diesem Buch und unserem gesamten
lieferbaren Programm finden Sie unter

www.koesel.de

Für die Floris
dieser Welt

INHALT

WAS FÜR UNSERE KINDER DAS LERNEN SCHWIERIG MACHT ....

JETZT HEISST ES BEOBACHTEN UND DARAUS LERNEN ....

Wie es zu diesem Buch kam

Ich machte mit einem Jungen aus der Verwandtschaft Hausaufgabenhilfe und suchte meine gesamten Bücher durch, um Tipps zu finden, wie ich dem Schüler auf verschiedenen Ebenen Unterstützung anbieten konnte. In einem Gespräch mit Freunden merkte ich an, dass es viel besser wäre, wenn alles kompakt in einem Ratgeber zusammengefasst wäre. Eigentlich brauchte meine Freundin dann nur noch sagen: »Dann schreib doch du so ein Buch!«, und der Funke war übergesprungen. Schon wenige Monate später hatte ich einen Vertrag mit dem Verlag in Händen.

Ich glaube, dieses Buch sollte einfach geschrieben werden. Es ist mir ein tiefstes inneres Bedürfnis, mich für die Kinder auszusprechen. Mir tut es in der Seele weh, wenn ich sehe, wie sehr manche Kinder in der Schule aus verschiedensten Gründen unter Druck geraten. Umgekehrt beobachte ich auch Kinder, die sich frei entfalten dürfen, die ihren Weg gehen können, und es ist ein wahres Geschenk zu sehen, wie sich ihr Potenzial auf allen Ebenen einen Weg nach außen bahnt und wie sie zu starken und in sich gefestigten Persönlichkeiten werden. Ich freue mich, wenn dieses Buch einen Beitrag dazu leisten kann, dass immer mehr Kinder ihren Pfad entdecken und verfolgen dürfen.

Auch wenn es in diesem Buch darum geht, das Kind in den Vordergrund zu stellen und bei sich selbst zu schauen, was ich als Erwachsener lernen kann, darf dieser Perspektivenwechsel nicht zu einem Machtwechsel führen. Es muss ganz klar der Erwachsene sein, der die Führung behält, er darf sich nicht unterordnen, auch wenn er bereit ist, seine eigenen Muster genauer unter die Lupe zu nehmen. Kinder brauchen starke Eltern, die ihnen Schutz geben und die ihnen in Ehrlichkeit und Authentizität begegnen.

Nun noch ein Wort zu den männlichen und weiblichen Anredeformen im Buch. Ich bitte alle LeserInnen, sich immer angesprochen zu fühlen, auch wenn ich manchmal die weibliche und manchmal die männliche Form gewählt habe.

So, nun wünsche ich Ihnen viel Spaß beim Schmökern! Es würde mich sehr freuen, wenn die eine oder andere aufgeführte Idee sich einen Weg in Ihr Herz bahnen könnte und Sie es als Bereicherung sehen können, gemeinsam mit Ihrem Kind zu lernen.

Christina Schaller

GEDANKEN RUND UM DIE ERZIEHUNG

Kinder sind unsere wirklichen Lehrer.
Lerne wieder ihnen zuzuhören:
Sie erzählen dir von der Schönheit und der Sorglosigkeit,
die du nur im gegenwärtigen Augenblick wiederfindest.

Tibetisches Sprichwort

In diesem Sprichwort liegt eine tiefe Weisheit. Kinder gehen mit dem Leben sehr ehrlich und authentisch um, sie leben im Moment; eine Gabe, die wir als Erwachsene häufig verlernt haben. Es lohnt sich, die Kinder in ihrem Sein und Handeln zu beobachten, ihnen zuzuhören und zu reflektieren, was ihr Verhalten bei uns auslöst.

Sowohl in der Schule als auch zu Hause erlebe ich häufig, welch unglaubliche Fähigkeit Kinder haben, mir mein Inneres zu spiegeln. Mein eindrücklichstes Erlebnis hierzu hatte ich während meiner Referendarszeit. Ich hatte im Heimat- und Sachunterricht eine Klasse bekommen, die allgemein als schwierig bekannt war. Daher ging ich in meine ersten Unterrichtsstunden mit einer sehr vorsichtigen, unsicheren Haltung. Sehr schnell wurde mir klar, dass die Klasse sehr viel macht, aber nicht das, was *ich* mit ihnen machen möchte. In Gesprächen mit verschiedenen Kollegen wurde mir vor allem gesagt, ich solle autoritärer sein. In dieser Klasse müsse »ein anderer Wind wehen!«. Die Kinder seien nur mit Strenge und Bestrafung in den Griff zu bekommen. Da diese Vorgehensweise gänzlich meinem Naturell widerspricht, war klar, dass das nicht mein Weg sein konnte. Ich nahm mir also vor, meiner eigenen Überzeugung treu zu bleiben und zu verstehen, was die Kinder mich mit ihrem Verhalten lehren wollten.

Um innerlich zur Ruhe zu kommen und neue Kraft zu tanken, meldete ich mich zu einem Meditationsseminar an. Dort lernte ich, auf meinen Atem zu achten und damit im Augenblick präsent zu sein. Den enormen Effekt, den das Lernen der Achtsamkeit hatte, wurde mir bewusst, als ich wieder vor der Klasse stand. Ich meinte, die Kinder wären wie ausgewechselt, doch vermutlich war in erster Linie ich wie verändert. Von heute auf morgen war unser Verhältnis sehr entspannt und von gegenseitigem Respekt geprägt. Disziplinschwierigkeiten gab es nicht mehr. Wenn ich den Schülern sagte, was ich mit ihnen vorhatte, zeigten sie sich interessiert und arbeiteten eifrig. Hätte ich es nicht selbst erlebt, hätte ich es nicht für möglich gehalten, dass es sich um dieselbe Klasse handelte.

Was war passiert? Durch die Meditation hatte ich meine Ängste und Unsicherheiten aufgegeben und war in tiefer Verbindung mit meinem Herzen. Ich konnte die Kinder sehen, wie sie waren, weil ich präsent war. Innerlich war ich klar und genau das spiegelten mir die Kinder. Machtkämpfe waren unnötig geworden. Um Autorität musste ich nicht mit äußeren Mitteln kämpfen, sondern meine innere Ruhe übertrug sich und so konnten wir auf sehr ehrliche und liebevolle Weise miteinander umgehen.

Ich bin sehr dankbar, dass ich gleich zu Beginn meiner Schullaufbahn mit einer schwierigen Klasse konfrontiert wurde und dass ich per Zufall eine für mich passende Methode finden durfte, damit umzugehen. Seitdem ist mir Meditation in verschiedenster Form sehr wichtig geworden. Diese ruhigen Momente am Morgen oder am Abend, die nur für mich sind, stimmen mich wunderschön auf den Tag ein bzw. lassen ihn geruhsam ausklingen. Wenn ich Phasen habe, in denen ich meine tägliche Praxis vernachlässige, spüre ich das sehr deutlich in meinem Alltag.

Warum erzähle ich all das? Ich möchte in den nächsten Kapiteln ein paar grundlegende Einsichten für den Umgang mit Kindern beschreiben. Für mich sind bestimmte Werte, wie das Vertrauen in die Fähigkeiten des Kindes, der gegenseitige Respekt und das Übergeben von Verantwortung an die Kinder, sehr wichtig und ich merke immer mehr, wie stark Kinder das ihnen vorgelebte Verhalten imitieren. Wenn ein Kind in der Schule ein anderes wüst beschimpft, dann höre ich da den Ton eines Erwachsenen durch. Die Kinder zeigen uns sehr deutlich mit ihrem Verhalten gegenüber anderen, wie sie selbst behandelt werden.

Manchmal tut es weh, wenn wir uns mit all unseren Stärken und Schwächen in dem Verhalten unserer Kinder wiedererkennen. Es ist nicht leicht, sich selbst auf diese Weise im Spiegel zu betrachten. Aber anstatt die Kinder für ihr Verhalten zu verurteilen oder gar zu bestrafen, sollten wir die Perspektive wechseln und den Blick auf uns selbst richten. Auch mit uns sollten wir verständnisvoll sein und uns nicht verurteilen, sondern die Chance erkennen und annehmen, uns weiterzuentwickeln. Auf diese Weise können wir gemeinsam mit den Kindern lernen und einen wundervollen Weg des Gebens und Nehmens beschreiten.

Ganzheitliche Sicht des Kindes

Ein Kind wird geboren.

Auf den ersten Blick ist es ein unbeholfenes kleines Wesen.

Und es ist ein Wunder.

Jeder Mensch, der so ein neugeborenes Baby in den Armen hält und dem das Herz weit wird, kann dieses Wunder spüren. Das sind sehr tiefe Momente, in denen wir einen Einblick in das große Ganze bekommen, in denen wir uns dem Göttlichen sehr nahe fühlen.

In so einem Moment hat niemand das Gefühl, dass dieses kleine unschuldige Wesen etwas anderes braucht als unsere Liebe, Nähe und etwas Milch. Wir trauen dem Kind vorbehaltlos zu, dass es wachsen wird, dass es lernt, sich zu drehen, zu sitzen, zu laufen. So viel Essenzielles wie ein Kind in seinem ersten Lebensjahr lernt, lernt es wohl nie wieder so unbeschwert und leicht in einem vergleichsweise kurzen Zeitraum. Dabei folgt es seinem inneren Plan. Jedes Kind macht mehr oder weniger in ein wenig abgewandelter Form die gleichen Entwicklungsschritte durch. Einfach so, ohne dass wir Erwachsenen viel dazu tun, außer dass wir für das Kind da sind. Gut, es gibt sicher den einen oder anderen Elternteil, der vor lauter Vorfreude auf den nächsten Entwicklungsschritt ambitioniert durchs Wohnzimmer krabbelt, um dem Sprössling das Lernen am Modell zu erleichtern, aber tief innen sind wir uns doch bewusst, dass das Kind das auch ohne unser Zutun schaffen würde.

Kinder wissen aus sich selbst heraus, was sie brauchen. Sie probieren und üben und freuen sich aus vollem Herzen, wenn sie etwas Neues gelernt haben. Lernen geschieht also aus einer inneren Motivation heraus und staunend stehen wir diesem Prozess gegenüber. Wir genießen es, unser Kind zu beobachten.

Doch was passiert danach? Weshalb fällt es uns Erwachsenen so schwer, auch später weiterhin zu vertrauen, dass das Kind lesen, rechnen und schreiben lernen wird, genauso wie es beim Krabbeln und Laufen war? Warum ist es so schwierig zu glauben, dass der Sprössling sein gesamtes Leben lang aus der eigenen Motivation heraus lernen wird, so wie er das von Anfang an getan hat? Was ist in der eigenen Lebensgeschichte passiert, dass wir uns von unserem eigenen göttlichen Plan so weit entfernt fühlen, dass es unmöglich scheint, überhaupt noch an ihn zu glauben und das Kind eben dieses Vertrauen spüren zu lassen?

Ein Kind, das auf die Welt kommt, strahlt diese innere Verbindung noch aus, die uns dem Rhythmus des Kindes folgen lässt. Irgendwo auf dem gemeinsamen Weg wird dieses Urvertrauen in die Fähigkeiten des Kindes gestört und wir bekommen das Gefühl, wir müssten eingreifen, ihm helfen, es an unserer reichen Lebenserfahrung teilhaben lassen. Wir lassen nicht mehr das Kind lernen, wie es natürlich aus ihm kommt, sondern nun wollen wir ihm zeigen, wie man lernt.

Wodurch entsteht diese Veränderung? Ich möchte Sie an dieser Stelle einladen, sich vielleicht selbst zu fragen, wann dieser Moment für Sie ganz persönlich war. Wann haben Sie angefangen, unsicher zu werden? Was ist da passiert?

Ein großer Einschnitt ist mit Sicherheit der Schuleintritt. Mit ihm geht das Kind neue Beziehungen ein, es begegnet neuen Anforderungen von außen, der Leistungsaspekt bekommt Relevanz. Das Kind ist nun Schüler geworden und man glaubt vermeintlich, dass sich in dieser Rolle nun die Kinder alle gleich entwickeln sollten. Sie alle sollen in einem bestimmten Zeitraum mehr oder weniger dasselbe lernen. Doch auch hier ist es wichtig, das Kind weiterhin als Individuum wahrzunehmen. Jedes Kind bringt seine persönliche Geschichte mit in die Schule und die ist nicht vergleichbar mit der eines anderen Kindes.

Doch gerade durch das Vergleichen entsteht Unsicherheit bei den Eltern. Die eigene Welt und damit auch die Entwicklung des Kindes ist in Ordnung, solange der Blick nur auf das eigene Kind gerichtet ist. Wenn ich als Vater oder Mutter aber feststelle, dass die anderen Kinder in der Klasse schon flüssiger lesen oder schneller rechnen können, werde ich unruhig und es ist schwierig auszuhalten, dass das eigene Kind ein langsameres Lerntempo hat. Die Beobachtung an sich ist sehr wichtig, denn sie kann tatsächlich darauf hinweisen, dass das Kind einer speziellen Förderung bedarf. Dennoch sollte dies möglichst ohne Bewertung geschehen. Das Kind so zu sehen und anzunehmen, wie es ist, ist eine hohe Kunst, die viel Einsicht, Selbstreflexion und Übung aufseiten der Eltern bedarf.

Um den individuellen Bedürfnissen jedes einzelnen Kindes gerecht zu werden, muss es in seiner Ganzheit gesehen werden. Ein Kind ist, auch wenn es ein Schulkind ist, nicht bloß ein Schüler. Es hat eine Familie, es hat eine bestimmte Position in der Geschwisterreihe oder ist Einzelkind, es hat seine eigenen Erfahrungen im Leben gesammelt, die es zu dem Menschen gemacht haben, der es in diesem Augenblick ist. Jedes Kind ist einzigartig und nur wenn alle Faktoren, die diese kleine Persönlichkeit ausmachen, berücksichtigt werden, kann ich ihm annähernd gerecht werden.

Alle Kinder gehen ihren eigenen Weg in ihrer eigenen Zeit. Maria Montessori prägte Anfang des letzten Jahrhunderts den Begriff der »sensiblen Perioden«. Demnach hat jedes Kind in einem bestimmten Zeitraum eine besondere Aufnahmefähigkeit für bestimmte Inhalte. Wenn in diesem Zeitfenster eine entsprechend förderliche Umgebung da ist, in der das Kind Futter für seinen inneren Hunger findet, dann lernt es sehr intensiv und effektiv. Die Aufgabe des Erwachsenen ist es, das Kind genau zu beobachten, es in seiner Individualität wahrzunehmen und ihm entsprechend seinen Fähigkeiten Material zum Lernen anzubieten.

Der Glaube an die dem Kind innewohnenden Kräfte kann uns helfen, es so auf seinem Weg zu begleiten, dass es seine individuellen Gaben erkennen und umsetzen kann. Dazu gehören alle Lebensbereiche und nicht nur die Hauptfächer in der Schule, in denen die Noten relevant erscheinen.

Ein Kind, das sich in seiner Gesamtheit wahrgenommen fühlt, dem es ermöglicht wurde, seine Fähigkeiten und seine Grenzen kennenzulernen, wird seinen Weg gehen und zu einem zufriedenen Menschen heranwachsen, der seinen Platz im Leben findet. Dieser Platz kann ganz woanders liegen, als wir es uns als Eltern vorgestellt und gewünscht haben. Wenn das jedoch der Ort ist, an dem das Kind sinnerfüllt leben kann, dann darf man wohl von gelungener Erziehungsarbeit und Lebenswegbegleitung sprechen.

Praktische Übung zur Einstimmung

Nehmen Sie sich einmal Zeit, sich selbst »als Ganzes« wahrzunehmen. Meist sehen wir uns in einer bestimmten Rolle, zum Beispiel in der der Mutter (Vater), der Ehefrau (Ehemann), der Bankkauffrau (Bankkaufmann), usw. Bei der Betrachtung der unterschiedlichen Rollen achten wir häufig mehr auf die Fehler, die wir machen, als auf unsere Stärken.

Um sich ganz wahrzunehmen, ist es eine gute Übung, sich alle seine Fähigkeiten zu vergegenwärtigen – alles, was wir gerne machen, auch die kleinen Dinge, die oft untergehen. Sie können diesem Bild auch noch die (bis jetzt) unerfüllten Träume hinzufügen. Erst wenn es vollkommen ist (und Sie werden vielleicht staunen, wie lange das dauert, bis all ihre Fähigkeiten und Talente sich zeigen durften), können Sie sich auch anschauen, wo es noch Schwächen und Lernfelder gibt. Diese stellen Sie sich dann bitte als Lernchance vor, als etwas, was sie ganz einfach in ihr Leben integrieren können.

Ich wünsche Ihnen, dass es Ihnen gut gelingt, das Bild Ihrer ganzen Person und Persönlichkeit in voller Größe zu sehen. Je ganzheitlicher Sie sich selbst sehen, umso einfacher ist es, auch Ihr Kind in seiner Größe wahrzunehmen und es entsprechend in seinem Wachstum zu begleiten. Staunen Sie über sich und Ihr Kind!

Es lohnt sich, dass wir uns gemeinsam mit den Kindern noch einmal neu auf den Weg machen, um uns selbst und das Kind so ehrlich wie möglich zu betrachten, mit allen unseren Talenten und Schwächen, mit allem Freud und Leid und vor allem mit einem lachenden Herzen.

Lernen als Grundbedürfnis des Kindes

Was ist Lernen eigentlich?

Sicherlich ist Lernen für uns Erwachsene etwas anderes, als für Kinder. Kinder lernen den ganzen Tag, ohne es zu merken, ohne sich bewusst Gedanken darüber zu machen, es geschieht einfach, weil sie ihre Umwelt aufmerksam erkunden. Und es geschieht dadurch, dass sie sehr präsent im Augenblick leben und sich voll und ganz dem verschreiben, was sie gerade tun. Sie lernen, weil sie höchst motiviert sind. Sie lernen durch Beobachtung. Sie lernen durch ihr Tun.

Wie lernen wir Erwachsenen?

Vermutlich ist es bei uns ganz genauso. Auch wir lernen durch unser Tun, auch wir lernen vielerlei unbewusst, aber als Lernen im eigentlichen Sinne bezeichnen wir das nicht. Lernen hat für uns etwas damit zu tun, am Schreibtisch zu sitzen und konzentriert etwas zu studieren. Oder wir belegen einen Kurs, ein Seminar, um uns weiterzubilden. Lernen braucht für uns in den meisten Fällen einen

Lehrer, jemanden, der es besser weiß. Außerdem hat Lernen etwas mit Anstrengung zu tun. Wir müssen schon etwas investieren, wenn wir lernen wollen. Das kann Geld ebenso sein, wie Zeit oder Anstrengungsbereitschaft. Auf jeden Fall bringen wir eine Art Opfer.

Sicherlich ist das alles auch ein Aspekt des Lernens – in jedem Fall ein Aspekt, der uns sehr vertraut ist, mit dem wir uns sicher fühlen, denn er scheint kontrollierbar zu sein. Wir meinen dann, das Lernen auf diese Weise sichtbar zu machen. Weil es uns so wichtig und richtig erscheint, wollen wir es den Kindern ebenso beibringen. Wir wollen sie an unserer Erfahrung teilhaben lassen und ihnen die Mühe ersparen, sich selbst auf den Weg zu machen und die gleichen Fehler zu begehen, die wir gemacht haben. Es erscheint so viel einfacher, dem Kind zu sagen, wie es richtig geht. Wir wissen doch alles so genau!

Das Kind muss jedoch seine eigenen Erfahrungen machen dürfen. Es braucht eine Umgebung, die ihm erlaubt, sich frei zu fühlen, und ihm Raum gibt. Kinder wollen lernen, sie lernen voller Eifer. Sie beobachten uns ganz genau und wollen nachahmen. Es macht ihnen Freude zu lernen.

Im Kindergarten ist das auch noch in Ordnung. Doch schon, wenn es zum Thema Vorschule kommt, fangen wir an, Lernen mit Druck erreichen zu wollen. Denn jetzt geht es um etwas, jetzt wollen wir Leistung sehen. Die Kinder werden dadurch jedoch eher in ihrem Lernprozess gehemmt. Sie sollen still sitzen und den sogenannten »Ernst des Lebens« kennenlernen. Doch genau dieser Ernst ist es, der das Lernen schwierig macht, denn Lernen soll eigentlich Freude bereiten. Es findet ganz von alleine statt, wenn es lustvoll geschehen darf. Kinder sind von sich aus aktiv, sie sind bereit, sich anzustrengen und sie empfinden dies nicht als Last. Sie müssen sich nicht aufraffen, etwas zu tun. Sie müssen nicht erst ihren inneren Schweinehund überwinden, um etwas in Angriff zu nehmen, sie fangen einfach an. Wenn sie etwas gefunden haben, das ihr Interesse weckt, sind sie zu außerordentlicher Konzentration fähig. Sie versinken in ihrer Arbeit, sie vergessen die Welt um sich herum, sie engagieren sich mit Leib und Seele für diese eine Sache. Wie kommen wir da auf die Idee, dass wir ihnen das Lernen zeigen sollten? Warum drehen wir den Spieß nicht um und lassen uns von ihnen einladen, uns zu zeigen, wie sie lernen?

Natürlich ist Lernen immer ein gegenseitiger Prozess, ein miteinander Wachsen. Wichtig ist jedoch, dass wir verstehen, dass es unsere Aufgabe ist, das Kind in seinem Tun zu begleiten, ohne seinen individuellen Lernstil zu verändern. Kinder zeigen uns ganz deutlich, wie sie lernen und wann sie nicht gestört werden wollen. Viele Schwierigkeiten resultieren gerade daraus, dass wir die Kinder in ihrer Arbeit unterbrechen. Sie rebellieren dann dagegen, dass sie in ihrem Bedürfnis nach Konzentration nicht ernst genommen werden. Ein Kind, das sich von klein auf selbstständig und im eigenen Rhythmus und Tempo entwickeln durfte, kann und will sich konzentrieren. Es hat gelernt, sich für eine Sache zu interessieren und sie zu Ende zu bringen. Es weiß, wie Lernen geht, ohne dass es sich je einen Gedanken dazu gemacht hat.

Der Begriff »Lernen lernen« ist heutzutage in aller Munde. Es gibt viele informative Bücher und Seminare zum Thema. Mir ist jedoch an dieser Stelle wichtig zu betonen, dass das Lernen lernen nur ein Teilbereich ist. Man muss zusätzlich das Kind und seine gesamte Situation unter die Lupe nehmen, um vielschichtig helfen zu können. Die besten Konzentrationsübungen schlagen fehl, wenn das Kind emotional instabil ist. Es geht also zum einen darum, den Kindern zu helfen, sich zu organisieren. Wir können ihnen Arbeitstechniken zeigen, die sich für uns bewährt haben. Und wir können ihnen Mittel an die Hand geben, die ihnen helfen, wieder in ihren Urzustand der Lernfähigkeit zurückzukehren. Viele Kinder haben bereits in der Grundschule verlernt, sich zu interessieren und zu konzentrieren. Nun müssen wir Erwachsenen ihnen helfen, sich wieder darauf zu besinnen. Zu viele Einflüsse von außen haben ihnen die Chance genommen, sich die Fähigkeit zu absoluter Konzentration aufrechtzuerhalten. Zu oft wurde unbewusst die tiefe innere Motivation, sich einen Lerninhalt zu eigen zu machen, gestört und die Aufmerksamkeit in eine andere Richtung gelenkt. Ein Kind, das sich intensiv zum Beispiel einer Bastelarbeit widmet, muss Zeit haben, seine Arbeit zu beenden, bevor wir von ihm verlangen können, zum Essen zu kommen.

Meist passiert es uns aus Unachtsamkeit heraus, dass wir unsere Kinder aus der Konzentration reißen. Sehr oft muss ich beispielsweise sowohl in der Schule als auch zu Hause bei meinen Söhnen an mich halten, um sie nicht zu unterbrechen, weil ich gerade etwas Wichtiges mitzuteilen oder zu erledigen habe. Ginge ich diesem Impuls jedoch nach, so würde ich mein Bedürfnis rücksichtslos über das des Kindes stellen. Einen anderen Erwachsenen respektieren wir da sehr viel selbstverständlicher.

In solchen Situationen hilft mir die Vorstellung daran, wie es mir geht, wenn ich in ein Buch vertieft bin oder mich einer anderen Sache intensiv widme und dabei unterbrochen werde. Es ist mir wichtig, dass meine Umwelt achtsam ist und merkt, wann ich nicht gestört werden will. Das kann ich auch von einem Kind erwarten. Es wird Verständnis und ein Gespür für derartige Momente entwickeln, wenn es sich selbst respektiert fühlt.

Es ist häufig schwierig, dem Kind diese Zeiten der »Polarisation der Aufmerksamkeit«, wie Maria Montessori diesen tiefen Zustand der Versunkenheit bezeichnete, zu gewähren, denn auch Eltern haben Bedürfnisse und Zeitpläne. Es geht nicht darum, dem Kind einen absoluten Schonraum zu schaffen, in dem sich alles nach seinen Bedürfnissen ausrichtet. Es gibt viele Zeiten, in denen wir ihnen diesen Freiraum zur Selbstbestimmung zugestehen können. Wenn es dann einmal nicht funktioniert, weil wir beispielsweise einen dringenden Termin haben, wird das Kind verständnisvoll und einsichtig reagieren, denn es weiß, dass es grundsätzlich in seinen Bedürfnissen ernst genommen wird. Der gegenseitige Respekt und die Achtsamkeit im Umgang miteinander sind dabei essenziell.

Wenn wir Erwachsenen es schaffen, uns an die kindliche Freude am Lernen zu erinnern, wenn wir mit den Kindern ihre Begeisterungsfähigkeit für die kleinen Dinge des Lebens teilen und uns auf eine Sache voll und ganz einlassen, so wie sie es tun, dann geben wir uns und den Kindern eine wertvolle Chance, das Lernen neu zu entdecken und unserer Erziehung und den Fähigkeiten des Kindes zu vertrauen.

Vertrauen in die Fähigkeiten des Kindes

Basierend auf dem Wissen, dass das Kind von sich aus lernt, dass es Freude daran hat, seine Welt zu erkunden, könnte es ein Leichtes sein, dem Kind zu vertrauen, dass es seinen Weg geradlinig gehen wird. Trotzdem haben wir Zweifel, sind unsicher und wissen nicht, ob wir als Eltern alles richtig machen.

Außerdem ist das Kind durch Kindergarten, Schule, Jugendgruppen, Sportverein vielen Einflüssen von außen ausgesetzt, die wir nicht kontrollieren können. Wir müssen und dürfen jedoch vertrauen, dass das Kind dort die Erfahrungen macht, die für sein inneres Wachstum wichtig sind.

Eine Bekannte sagte einmal zu mir, dass ich bereits sehr viele Fehler in der Erziehung meines Sohnes gemacht habe und da war der Kleine gerade einmal ein Jahr alt. Zuerst empfand ich es als eine Grenzüberschreitung, dass jemand mir so etwas sagt. Danach verfiel ich in tiefe Selbstzweifel. Erst nach dieser Phase erinnerte ich mich daran, dass ich selbst propagiere, dass man Fehler als Lernchancen sehen soll. Vielleicht war es ja genau das, was die Bekannte mir mit auf den Weg geben wollte. Sie wollte mich nicht verurteilen, denn sie kannte weder mich noch das Verhältnis zu meinem Sohn besonders gut. Es ging ihr vielmehr darum, mir zu zeigen, dass Fehler dazugehören, dass sie Teil unseres Lebens sind und dass wir uns mit dem Gedanken anfreunden sollten. Mit dem Elternsein ist der enorme Wunsch verbunden, alles richtig zu machen. Wir wollen nur das Beste für unsere Kinder und so darf uns selbst kein Fehler unterlaufen. Was dabei richtig ist und was falsch, ist schwer zu beurteilen, denn das, was für den einen ein erklärtes Erziehungsziel ist, bewertet der andere als das genaue Gegenteil.

Aber was zeige ich dem Kind, wenn ich diesen Anspruch an mich habe? Welches Vorbild gebe ich ihm damit? Zeige ich, dass ich selbst Vertrauen in meine Erziehung habe?

Ich möchte ihm ja beibringen, dass es lernt, mit seinen Fehlern konstruktiv umzugehen. Wenn ich nun selbst jeden Abend im Bett von Selbstzweifeln zerfressen werde, weil ich mir anschaue, was tagsüber alles falsch gelaufen ist, dann gebe ich unbewusst dem Kind das Gefühl, dass mit ihm und mit unserem gemeinsamen Umgang etwas nicht stimmt. Es ist schwierig für das Kind, sich den natürlichen Umgang mit Fehlern zu erhalten und sich immer wieder neu zu motivieren, um etwas zu üben, wenn die Eltern selbst mit jeder Niederlage hadern.

Kinder haben ein ganz natürliches Vertrauen in ihre Fähigkeiten. Sie wissen tief in ihrem Inneren, dass sie gehen, sprechen, rechnen und lesen lernen werden. Auf neue Herausforderungen gehen sie grundsätzlich erst einmal positiv zu. Sie leben sehr stark in Verbundenheit mit dem Göttlichen. Sie bewerten nicht, sondern lassen sich auf den nächsten Schritt ein. Erst durch unsere Erziehung, durch unser Vorbild merken sie, dass es Dinge gibt, die als »richtig« bezeichnet werden und andere als »falsch«. Im Laufe der Zeit verlernen sie, an sich zu glauben und ihren Fähigkeiten zu vertrauen. Nun ist es an uns, diesen Prozess des Verlernens zu unterbinden. Denn ein Kind empfindet es nicht als etwas Schlechtes, wenn ihm ein Fehler unterläuft. Es wird vielleicht einmal ungeduldig oder schimpft lautstark, wenn etwas nicht auf Anhieb klappt, aber es stellt sich deshalb nicht als Person infrage. Im Normalfall nimmt ein Kind seine Tätigkeit erneut auf und übt so lange, bis es das gewünschte Ziel erreicht. Kinder machen es uns auf diese Weise sehr leicht, dass wir uns ihrem Vertrauen anschließen. Wir brauchen sie nur zu beobachten und ihren selbstverständlichen Umgang mit der Welt verinnerlichen. Vertrauen wir uns ihnen an, dann können sie sich auch selbst langfristig vertrauen und mit einem gesunden Selbstwertgefühl durchs Leben gehen.

Wenn eine Blume, die man malt, keine blauen Blätter haben darf, weil einem ein Erwachsener erklärt, so etwas gäbe es nicht, dann wird die kindliche Welt zerstört. Dann wird das Vertrauen in die eigenen Fähigkeiten angekratzt. Das, was dem Kind so selbstverständlich von der Hand ging, wurde be- und verurteilt. Solche Erlebnisse in der Kindheit können sehr prägend sein. Es ist schade, wenn auf diese Weise sowohl das Vertrauen in die eigene Kreativität als auch das Vertrauen zum Erwachsenen gestört wird.

Ein Kind muss sich im Lernen unterstützt fühlen, es braucht uns als Garanten, die ihm sagen, dass es gut und richtig ist, auf sich selbst zu vertrauen. Sie brauchen unsere Stabilität.

William Martin prägte in seinem Buch *Das Tao te King für Eltern* den schönen Satz, der mir oft sehr hilfreich erscheint: »Mein Kind ist ein mittelmäßiger Schüler und ein wertvoller Mensch«. Darin steckt sehr viel, was für das Kind wichtig ist. Wenn es diese Einstellung von uns spürt, dann kann es auch mit Niederlagen in der

Schule umgehen. Auch für uns ist es wichtig, uns immer wieder daran zu erinnern, damit Schule, Leistung und Notendruck nicht überhand nehmen. So können wir uns selbst von unseren Erwartungen befreien und uns erinnern, was wirklich wichtig ist. Wenn wir ihnen tief in die Augen schauen und uns auf das Besondere in unseren Kindern besinnen, können wir wieder vertrauen. In diesem Vertrauen gefestigt, werden sie alle ihren Weg gehen und wir können nur staunen, wie individuell, erfolgreich und glücklich ihr Leben verlaufen wird.

Lassen wir uns ein auf das Staunen der Kinder und lassen wir uns überraschen, was das Leben für sie bereithält.

Grenzen und Respekt als wichtige Basis zur Persönlichkeitsentfaltung

Nach dem Lesen des vorherigen Kapitels wird sich vielleicht der eine oder andere denken, dass diese Sache mit dem Vertrauen sehr schön klingt, aber dass in der Schule nun einmal Leistung gefragt ist und die will erbracht werden. Was mache ich also, wenn mein Kind, anstatt sich für den Leselernprozess zu begeistern, lieber Papierflieger baut und mit dem Tischnachbarn Radiergummis durchs Klassenzimmer katapultiert?

Das Vertrauen ist eine wichtige Grundlage, ohne die leichtes und intrinsisch (aus dem Inneren des Kindes heraus) motiviertes Lernen nicht stattfinden kann. Dieses Vertrauen darf aber nicht mit Zügellosigkeit und grenzenloser Freiheit gleichgesetzt werden. Im Gegenteil, ein Kind, das in diesem Vertrauen erzogen wird, braucht sehr klare Grenzen. Ansonsten fühlt es sich hilflos. Zu große Freiheit kann sehr leicht zu Orientierungslosigkeit führen. Stellen Sie sich vor, Sie sind in einem ganz dunklen Raum und sehen die Hand vor Augen nicht. Das, was jeder zuerst machen würde, ist, zu versuchen, eine Wand zu erreichen, um damit Orientierung in der Dunkelheit zu bekommen. So ähnlich geht es den Kindern, auch sie suchen Grenzen als Orientierungshilfe.

Erinnern wir uns nur an das Baby, das auf die Welt kommt. Im Mutterleib war es von engen Grenzen der Geborgenheit umgeben und nun kommt es in die große Weite. Das Erste, was wir natürlicherweise machen, ist, es in den Arm zu nehmen, es ganz fest bei uns zu halten und ihm eine Decke umzulegen. In seinem Bettchen bauen wir ihm ein Nest. Wir bauen ihm äußere Grenzen, damit es sich spüren kann, damit es seinen eignen Körper in Abgrenzung zur Umwelt wahrnehmen lernt und sich somit sicher fühlen kann. Im Laufe seiner Entwicklung verschieben sich die Grenzen immer weiter nach außen. Das Baby, das krabbelt, bekommt einen größeren Raum, in dem es sich selbstständig bewegen kann. So werden anfangs erst einmal die räumlichen Grenzen verändert und an die individuelle Persönlichkeit des Kindes angeglichen.

Im Laufe der Zeit beginnt das Kind auch nach inneren Grenzen zu fragen. Es möchte wissen, was passiert, wenn wir zu einer Sache Nein gesagt haben und es genau dasselbe trotzdem noch einmal tut. Es testet, wie wir reagieren, wenn es nicht macht, was wir uns von ihm wünschen. Die Macht des eigenen Willens wird ausprobiert. Nun sind wir gefordert, klare Grenzen zu setzen. Es geht nicht darum, mit dem Kind zu schimpfen oder es zu bestrafen, wichtig ist die Klarheit und Konsequenz, mit der wir etwas vertreten. Dabei sollten wir darauf achten, den Satz mit einem »Ich möchte, dass du ...« zu beginnen. Das Kind soll verstehen, dass es dem Erwachsenen ernst und wichtig ist und er mit seiner Persönlichkeit hinter der gesetzten Grenze steht.

Natürlich ist es nicht immer leicht, eine Grenze zu halten, denn Kinder sind sehr ausdauernd. Gerade, wenn man selbst müde und erschöpft ist, kommt es häufig zu solchen Grenzsituationen und am liebsten würden wir gerade in diesen Momenten dem Kind nachgeben, nur um unseren Frieden zu haben. Doch damit verschieben wir das Ganze lediglich für einen kurzen Zeitraum, denn relativ bald werden wir wieder in eine ähnliche Situation kommen.

Es lohnt sich, klar zu bleiben, immer wieder tief durchzuatmen, vielleicht sich innerlich beruhigende Worte zu sagen und dem Kind die Grenze zu halten. Es muss spüren können, wer die Führung innehat. Anfangs wird es sich wehren, wird je nach Gemüt schreien, toben und wüten. Das gehört dazu, das ist Teil der Entwicklung, sowohl für das Kind als auch für den Erwachsenen. Im geschützten Raum der Familie kann es erfahren, was es bedeutet, sich unterzuordnen und an Regeln zu halten.

Manchmal tut es uns Erwachsenen weh oder es macht uns aggressiv, wenn sich das Kind so seinem Gefühl hingibt. Wir selbst erinnern uns an eigene Erfahrungen. Bei uns taucht eine wilde Mischung von Emotionen auf. An dieser Stelle helfen wieder das Vertrauen und das Bewusstsein, dass wir uns gemeinsam mit dem Kind auf dem Weg befinden. Wenn es uns gelingt, in Achtsamkeit das Kind zu begleiten und die gesetzte Grenze klar zu halten, dann wird sich das Kind entspannen und zu einer neuen Ruhe und innerem Frieden finden. Es spürt, dass wir wirklich meinen, was wir sagen.

Ein Kind, das sich auf seine Eltern verlassen kann, fühlt sich sicher. Es erlebt die Grenzen nicht als Einschränkung, sondern als Absteckung eines geschützten Raumes, in dem es sich frei bewegen kann. Es weiß genau, was es darf und was nicht. Erst in dieser Sicherheit kann es experimentieren und sich freudig auf all die interessanten Dinge, die das Leben bereithält, einlassen. Klar abgesteckte Grenzen verhindern, dass sowohl Eltern als auch Kinder sich nicht jedes Mal neu mit den gleichen Themen auseinandersetzen müssen. Diese gewonnene Zeit kann sicherlich viel sinnerfüllter und produktiver genutzt werden.

Wann welche Grenzen gesetzt werden sollen, ist individuell verschieden. Da gibt es keine Regeln, denn sowohl jeder Elternteil, als auch jedes Kind ist sehr unterschiedlich. Wir als Eltern müssen ein klares Gefühl für unsere eigenen Grenzen entwickeln. Nur wenn wir in der Lage sind, unseren persönlichen Raum abzustecken, können wir dieses Gespür auch an unsere Kinder weitergeben.

Wichtig ist, dass es nicht zu viele Regeln gibt, diese aber klar formuliert und konsequent eingehalten werden. Außerdem sollten sich die Eltern über die Grenzen, die gesetzt werden, einig sein. Ansonsten verliert das Kind leicht die Orientierung und die erwünschte Stabilität, die Grenzen geben sollen, wird nicht erreicht.

Ein weiterer wichtiger Aspekt in diesem Zusammenhang ist der Respekt. Während ich das schreibe, fällt mir sofort eine kleine Begebenheit in unserer Familie ein. Eines Tages rief ich meinen Sohn in etwas barschem Ton, ohne mir dessen bewusst zu sein. Aber anstatt den Namen meines Sohnes, rief ich aus Versehen den meines Mannes, der mir später sagte, wie unangenehm sich für ihn die Art und Weise, in der ich ihn gerufen hatte, angefühlt hatte. Da wurde mir schlagartig bewusst, wie schnell und zum Teil ohne Grund wir mit den Kindern respektlos umgehen. Vermutlich hätte ich mich, wenn ich wirklich meinen Mann gemeint hätte, ihm gegenüber nicht so im Ton vergriffen. Im Umgang mit Erwachsenen ist dieser Respekt weitgehend selbstverständlich. Kindern gegenüber beobachte ich hingegen häufig einen sehr belehrenden und zum Teil respektlosen Ton. Das ist nicht gerade fair, denn nur weil Kinder körperlich kleiner sind, so sind sie doch ebenso empfindsam, wenn nicht sogar noch sensibler. Sie spüren jede Nuance, nehmen all unsere Gefühlsregungen wahr und halten sie uns wie einen Spiegel vor. Den Respekt, den ich dem Kind entgegenbringe, werde ich auch automatisch wieder zurückbekommen oder eben nicht!

Es wird sicherlich Tage geben, an denen wir unseren selbst gesteckten Zielen sehr nahe sind und wir uns klar und stabil fühlen. In diesen Momenten ist es einfach, sich aus der eigenen Mitte heraus eindeutig zu verhalten. An anderen Tagen geht schon in der Früh alles schief und wir fühlen uns hilflos und sind genervt. Erst am Abend fällt uns wieder ein, dass wir klare Grenzen setzen und einen respektvollen Umgang pflegen wollten. Doch auch das gehört dazu, denn der konstruktive und positive Umgang mit Fehlern will ja schließlich auch gelernt und geübt werden, oder?

Noch einmal zurück zu den Grenzen. Für Kinder ist es hilfreich, wenn die Grenzen, die wir ihnen setzen, für sie durchsichtig sind, wenn sie sie verstehen können. Damit meine ich nicht, dass wir lange diskutieren sollten, sondern dass wir kurz und knapp dem Kind begründen, warum wir uns für diese Grenze entschieden haben. Wenn ich einen respektvollen Umgang mit meinem Kind pflege, dann werden die Grenzen dem Kind einsichtig sein. Dann setze ich sie nicht aus reiner Willkür, sondern zum Schutz und Wohl des Kindes.

Das Kind spürt den Unterschied.

Um all das erreichen zu können und im Alltag ruhig und gelassen zu bleiben, ist es unumgänglich, auch mit sich selbst respektvoll umzugehen und seine eigenen Grenzen wahrzunehmen und klar abzustecken. Gerade Mütter neigen sehr leicht dazu, zum Wohle der Familie die eigenen Bedürfnisse zu verdrängen und sich selbst in den Hintergrund zu stellen. Doch nur eine Mutter, die einen respektvollen Umgang mit sich selbst pflegt, ist in der Lage, all den Anforderungen des Alltags gerecht zu werden.

Kleine Beobachtungsaufgabe

Beobachten Sie einmal eine Woche lang, wann Sie über Ihre Grenze gehen. Das können ganz kleine Momente sein, in denen wir nicht auf uns hören. Schreiben Sie sich Ihre Beobachtungen auf. Bereits das Bewusstsein schafft Veränderung und verhilft Ihnen dazu, sich klarer abgrenzen zu können.

Es ist also ratsam, sich Auszeiten zu gönnen und für sich etwas zu finden, was einem guttut, womit man seine Mitte und einen inneren Ausgleich findet. Das kann Sport, das Spielen eines Instrumentes, Meditation oder Ähnliches sein. Welche Technik jeder Einzelne findet, ist unwesentlich. Wichtig ist, dass es etwas ist, wodurch man sich ausgeglichen fühlt und das einem hilft, bei sich zu bleiben.

Noch eine Übung zum Schluss, die Sie gut mit Ihrem Partner und /oder Ihrem Kind machen können

Stellen Sie sich mit einigem Abstand gegenüber voneinander auf.

Einer beginnt, auf den anderen zuzugehen. Dabei versucht er, zu erspüren, was für beide ein angenehmer Abstand ist. Danach wird gewechselt.

Im Anschluss sollte man sich miteinander austauschen.

Wie hat es sich angefühlt? War der Abstand für beide stimmig oder war es einem von beiden zu nahe?

Aus dieser ruhigen Mitte heraus fällt es leichter, klare Grenzen zu setzen, der respektvolle Umgang wird ganz natürlich. Denn das, was ich für mich empfinde, überträgt sich automatisch auf meine Umwelt.

Das Lachen über die eigenen und gemeinsamen Unzulänglichkeiten und Lernfelder unterstützt dabei ganz ungemein ...

Selbstverantwortung und Freiheit sind motivierend

Der Stolz in den Augen eines Kindes, wenn es etwas alleine geschafft hat, ist immer wieder faszinierend. Das ist unabhängig vom Alter. Das Kleinkind freut sich über seine ersten Krabbelversuche ebenso, wie sich das Grundschulkind über seine ersten gelesenen Wörter oder eine gelöste, kniffelige Sachaufgabe freut. Damit das Kind zu diesen Erfolgserlebnissen kommen kann, müssen wir als Erwachsene es loslassen. Wir müssen ihm vertrauen, dass es seine Aufgaben alleine schaffen kann. Wir übergeben ihm die Verantwortung für sein Tun und geben ihm damit die Chance, dass es etwas erreichen kann. Wenn ein kleines Kind immer nur Plastikgeschirr bekommt, wird es nicht lernen, dass es mit Porzellan achtsam umgehen muss. Vielleicht muss auch einmal ein alter Teller kaputtgehen, damit das Kind erfahren kann, was passiert, wenn er hinunterfällt. Doch was ist schon der Wert eines alten Tellers im Vergleich zu der unersetzlichen, selbstgemachten Erfahrung, die das Kind gemacht hat? Wir können noch so viel reden und ihm erklären, es muss selbst handeln dürfen und seine eigenen Erfahrungen machen. Das Kind wächst an seinen Aufgaben und oftmals können wir ihm sehr viel mehr zutrauen, als wir erst einmal denken.

Meist sind es unsere eigenen Ängste, Ungeduld oder Stress, die uns davon abhalten, den Kindern Freiheiten zu gewähren und eigenverantwortlich Aufgaben zu übergeben. Es ist wichtig, dass wir uns dessen bewusst werden und uns jedes Mal fragen, ob wir wirklich das Kind mit einem Verbot schützen oder uns selbst vor der Auseinandersetzung mit der Angst bewahren.

Wenn ich mit Kindern der 3. Klasse ins Schullandheim fahre oder mit ihnen in der Schule übernachte, sind sich oftmals einige der Eltern sicher, dass ihre Kinder Heimweh bekommen werden oder die Zeit ohne sie nicht durchhalten können. Für die Kinder ist das Alleinsein in den meisten Fällen jedoch kein Problem, meist fühlen sie sich sehr wohl und genießen ihre Freiheit und Zeit der Eigenverantwortung.

Auch hier geht es darum, die Perspektive zu wechseln und zu erkennen, dass der Handlungsbedarf auf unserer Seite steht. Natürlich ist es völlig legitim, mein Kind zu vermissen. Ich als Erwachsener muss jedoch lernen, meine Ängste zu erkennen. Ich muss einen Weg für mich finden, wie ich damit umgehen kann, ohne mein Kind einzuschränken oder zu verunsichern. Kinder spüren unsere Unsicherheit und werden leicht verleitet, sie zu übernehmen.

Kinder können schon sehr früh einschätzen, was sie können und was nicht. Wenn wir sie immer vor potenziellen Gefahren beschützen und ihnen die Chance auf eigene Erfahrungen damit nehmen, verlieren sie das Vertrauen in sich. Ein Kind, das von Anfang an ein gesundes Gefühl für die eigenen Fähigkeiten entwickeln und selbstständig seine Welt erkunden durfte, geht nicht über die Grenzen seines Könnens. Es tastet sich langsam an neue Erfahrungen heran und probiert vorsichtig aus, wie weit es gehen kann, bzw. bittet um Hilfe, wenn es selbst nicht mehr weiterkommt.

Oftmals ist in Bezug auf die Selbstverantwortung des Kindes viel Geduld auf der Seite des Erwachsenen gefragt. In vielen Fällen wäre es so viel einfacher und schneller, dem Kind seine Aufgaben abzunehmen. Lernen wird es aber in dem Fall nur, dass es immer jemanden gibt, der etwas besser und schneller kann. Die negativen Auswirkungen auf den Selbstwert sind gravierend, denn das Kind hat gelernt, dass es sich nicht lohnt, etwas auszuprobieren und dass es auf keinen Fall Fehler machen darf.

In diesem Zusammenhang möchte ich auf das allseits beliebte und viel diskutierte Thema Hausaufgaben zu sprechen kommen. Eltern wünschen sich, dass sie ordentlich aussehen und vor allem fehlerfrei abgegeben werden. Das ist ohne Zweifel ein gutes Ziel, das man vor Augen haben kann, aber es muss und kann nicht von Anfang an und immer so sein. Für mich als Lehrerin ist es vielmehr von Bedeutung, dass ich sehe, wie das Kind arbeitet und ob es den zu übenden Lernstoff verstanden hat. In manchen Fällen kann ich nach der Durchsicht der Hausaufgaben eher feststellen, dass die Eltern toll rechnen können und in der Lage sind, ein Heft übersichtlich zu gestalten.

Das Maß und die Art der Unterstützung bei den Hausaufgaben sind entscheidend und individuell verschieden. Manche Kinder arbeiten von sich aus sehr selbstständig und übersichtlich. Andere brauchen mehr Starthilfe. Am besten ist es, Rücksprache mit der Lehrkraft zu halten, um zu sehen, in welchem Maß Ihr Kind Unterstützung braucht. Wichtig ist, dass das Kind lernt, selbst die Verantwortung zu übernehmen. Wenn ein Kind seine Arbeiten immer wieder schlampig und unvollständig macht, muss es einmal erfahren, wie es ist, selbst die Konsequenz zu tragen, die die Lehrerin für angebracht hält. So wird ihm verständlich, dass es selbst die Wahl hat, entweder seine Hausaufgabe auf Anhieb ordentlich zu machen oder sie eventuell ein zweites und drittes Mal machen zu müssen, weil die Lehrkraft es so einfordert.

Für viele Kinder ist es ein beruhigendes und Sicherheit gebendes Gefühl, wenn die Eltern beim Erledigen der Hausaufgaben in der Nähe sind. So können sie Fragen stellen, wenn etwas unklar ist. Die Eltern sollten sich jedoch im Hintergrund halten, sie sollten präsent sein, aber nicht von sich aus eingreifen. Manchmal ist es sehr schwierig, dabei zuzusehen, wie ein Kind Fehler macht, wie es sich anstrengt und quält. Nur zu schnell geraten wir in die Versuchung, dazwischenzugehen und noch einmal zu erklären, wie es schneller, besser und einfacher geht. Das ist aber nicht Sinn der Sache, ich kann es nur noch einmal wiederholen. Kinder sollen die Verantwortung tragen dürfen, sie sollen die Freiheit haben, auszuprobieren und Fehler zu machen.

Stellen wir uns vor, wir wollen einen hohen Berg erklimmen. Wir trainieren fleißig, wir suchen uns einen schönen Weg aus, wir geraten während der Tour an unsere Grenzen und endlich sind wir oben! Dieses Gefühl von Stolz, Freude und innerster Erfüllung hätten wir nicht, wenn uns unten am Berg jemand auf den Arm genommen und nach oben getragen hätte. Vielleicht hätten wir noch versucht, uns zu wehren und zu betonen, dass wir selbst gehen wollen, doch der andere meinte, er könne es besser und es ginge so auch viel schneller. Ein deprimierendes Gefühl!

Wie oft geht es unseren Kindern so. In vielen kleinen Situationen wird ihnen, ohne zu fragen, geholfen, egal, ob sie in der Küche etwas kochen wollen, den Schulweg alleine bewältigen oder eine kniffelige Rechenaufgabe lösen möchten. Kinder wollen nicht verwöhnt und verhätschelt werden. Sie wollen selbst handeln und aktiv sein. Sie wollen Freiheiten haben, die ihrem Alter entsprechen. Wenn die Grenzen klar abgesteckt sind, können die Kinder sich in diesem Raum frei bewegen. Wir werden immer wieder aufs Neue staunen, was sie alles alleine bewältigen können, wenn wir sie nur lassen.

Schulerfolg ist nicht gleichbedeutend mit guten Noten

Die letzten Kapitel haben sich auf allgemeine Erziehungswerte bezogen, die gleichermaßen zu Hause wie auch in der Schule umgesetzt werden sollten. Nun kommen wir spezifischer zum schulischen Leben und Lernen.

Wenn ein Kind in die Schule kommt, wünschen ihm alle viel Erfolg. Meistens sind damit gute Noten gemeint, denn das ist das, woran man meint, erkennen zu können, ob ein Kind in der Schule und damit auch im späteren Leben erfolgreich sein wird. Natürlich sind gute Noten ein Indikator für Lernerfolg, aber nicht der ausschließliche. Schon die Definition einer guten Note und die aus der Note resultierende Emotion können sehr unterschiedlich ausfallen.

Ich habe Kinder erlebt, die bei einer Zwei geweint haben. Für sie war das eine schlechte Note. Es gibt manchmal auch enttäuschte Gesichter, wenn ein Kind eine Eins hat, aber diese nicht mit null Fehlern erreicht hat. Einige Kinder sind selbst sehr ehrgeizig und streng mit sich, doch meistens hat ein solch übersteigerter Ehrgeiz einen emotionalen Hintergrund. Aus irgendeinem Grund kann das Kind erst mit sich zufrieden sein, wenn es »perfekt« ist. Bei anderen Kindern kann man bei einer Drei oder Vier von einem echten Erfolg sprechen, denn sie haben sich in ihrem Fähigkeitsspielraum enorm gesteigert.

Schulerfolg kann nicht ausschließlich an Noten abgelesen werden. Noten sind ein Versuch, eine Leistung zu bewerten, gemessen an einer fiktiven Norm. Man sagt, ein »normaler« (wie auch immer der aussieht!) Schüler sollte eine Note »befriedigend« erreichen können. Wer die Noten »sehr gut« und »gut« erreicht, ist »besser als die Norm«, mit den Noten »ausreichend«, »mangelhaft« und »ungenügend« liegt man »unterhalb der Norm«.

Für Kinder, denen das Lernen schwerfällt oder die in ihrer Entwicklung langsam sind, ist es sehr schwierig, in dieser Werteskala ihren Platz zu finden und ein Selbstbewusstsein aufzubauen. Sie machen für sich große Fortschritte, weil sie fleißig üben, ihre Hausaufgaben regelmäßig erledigen und ordentlich arbeiten. In der nächsten Klassenarbeit bekommen sie dann anstatt einer Fünf eine Vier und spüren, dass das immer noch nicht »gut« ist. Viele andere haben eine bessere Note. Da helfen all die lobenden Worte und aufmunternden Kommentare des Lehrers am Ende der Klassenarbeit nichts. Vorne auf der ersten Seite steht es in Rot und riesengroß, dass man nur »ausreichend« oder »mangelhaft« in der Schule ist. Das kann für manche Kinder sehr demotivierend wirken. Sie bekommen das Gefühl, dass es sich nicht lohnt, sich zu bemühen.

Umgekehrt gibt es Kinder, denen das Lernen in der Grundschule sehr leicht fällt. Ohne viel Aufwand schreiben sie die Noten Eins und Zwei, zeigen sich interessiert, und wenn sie im Unterricht gut aufgepasst haben, brauchen sie zu Hause kaum noch für eine anstehende Arbeit zu lernen. Das kann zum Teil dazu führen, dass die Kinder keine Arbeitshaltung entwickeln, d.h., dass sie nicht zu lernen brauchen, wie man sich vorbereitet. Manchmal bekommen diese Kinder dann in einer weiterführenden Schule Probleme, weil sie sich auf einmal anders organisieren müssen. Plötzlich wird es für sie notwendig, den Unterrichtsstoff zu Hause nachzubereiten und zu vertiefen, vielleicht auch in der nächsten Stunde noch einmal etwas nachzufragen und es reicht nicht mehr aus, sich am Tag vor der Klassenarbeit nur kurz das Heft anzusehen. Außerdem müssen sie lernen, sich den Lernstoff über mehrere Tage einzuteilen und konkret das vorzubereiten, was sie aktuell brauchen. Diese Kinder sind dann häufig sehr frustriert und es braucht schnelle Hilfe, um die Freude an der Schule und am Lernen aufrechtzuerhalten bzw. wieder zu aktivieren.

Was also ist nun Schulerfolg? Ist ein Kind, das gute Noten schreibt, weil es zum Teil unterfordert ist und nicht zu lernen braucht, erfolgreicher als eines, das jeden Nachmittag fleißig übt und eine gute Arbeitshaltung aufweist, und dennoch nicht in den oberen Notenbereich vordringt? Diese Frage ist schwierig zu beantworten. Beide Kinder sind auf ihre Art und Weise erfolgreich, doch in unserem Leistungssystem ist der eine Erfolg sichtbarer und wird stärker anerkannt als der andere. Dabei sollte der Lernprozess im Vordergrund stehen – doch der ist nur schwierig zu beurteilen.

Manche Kinder werden von ihren Eltern sehr gegängelt und zum Lernen richtiggehend gezwungen. Sie müssen stundenlang auswendig lernen und werden bei jeder passenden oder unpassenden Gelegenheit abgefragt. Es ist wichtig, dass Eltern ihre Kinder unterstützen und es ist ebenso wichtig, dass sie den Kindern helfen, selbstständig zu arbeiten. Eine Leistung, die ein Kind aufgrund seiner eigenverantwortlichen Vorbereitung und der intensiven Auseinandersetzung mit einem Inhalt erreicht hat, macht sicher glücklicher als ein von Mami eingepauktes Wissen. Kinder, die sich einen Lernstoff nicht selbst erarbeitet haben, sind häufig nicht in der Lage, ihr Wissen anzuwenden. Das heißt, sie können alles auswendig aufsagen, wenn eine entsprechende Frage gestellt wird, die nur reine Reproduktion erfordert. Wenn ein Transfer geleistet werden soll, wenn sie ihr Wissen auf eine andersartige Problemstellung anwenden sollen, sind sie überfordert. Sie haben das Gelernte nicht verstanden. Nur das, was das Kind sich erarbeitet und begriffen hat, bleibt langfristig im Gedächtnis und wird anwendbar.

In der heutigen Zeit scheint ein Grundschulkind dann erfolgreich zu sein, wenn es nach der 4. Klasse das Gymnasium besuchen kann. Wie es das erreicht, spielt dabei bei manchen Eltern keine Rolle. Die Kinder werden zum Teil enorm unter Druck gesetzt und das hochgesteckte Ziel verdirbt so manchem die Freude am Lernen und wirkt sich vernichtend auf den Selbstwert aus.

Ich habe es erlebt, dass Kinder mich bei jedem Arbeitsblatt fragten, ob sie darauf eine Note bekämen und vor anstehenden Klassen- oder Probearbeiten in Tränen ausbrachen, weil sie furchtbare Angst hatten, zu versagen. Die Angst war dermaßen lähmend, dass sie keine Leistung bringen konnten. Sogar Kinder, die aufgrund ihrer Begabung und ihrer Intelligenz an sich keinerlei Schwierigkeiten hätten haben müssen, konnten sich vor lauter Versagensangst nicht konzentrieren und ihr Potenzial nicht zeigen.

Kann man in so einem Fall davon sprechen, dass ein Kind in der Schule erfolgreich ist? Ein entscheidender Faktor für Erfolg ist doch auch, sich in der Schule wohlzufühlen und gerne und stressfrei Leistung erbringen zu können. Eine gewisse Aufregung vor einer Prüfung gehört dazu und hilft, sich besser zu konzentrieren. In einem entspannten Umfeld sollte die Aufregung jedoch ein gesundes Maß nicht übersteigen.

Es lässt sich also feststellen, dass sich Schulerfolg aus verschiedenen Faktoren zusammensetzt. Dazu gehört die Motivation zur Auseinandersetzung mit einem Lernstoff. Diese Motivation, die von innen heraus kommt, verschafft Freude und ein Gefühl von Zufriedenheit, wenn ein selbst gestecktes Ziel erreicht wird. Wenn die Erwartungshaltung, die von außen kommt, zu groß wird, überlagert diese das Gefühl, es selbst schaffen zu wollen, und nimmt dem Kind die Gelegenheit, stolz auf seine Leistung zu sein.

Des Weiteren gehört zu einem erfolgreichen Schulbesuch eine selbstständige Arbeitsweise. Kinder sollen wissen, wie sie ihre Hausaufgaben organisieren, wie sie einen Hefteintrag übersichtlich gestalten, wie sie konstruktiv mit ihren Fehlern umgehen können, wie sie sich eine Arbeit zeitlich einteilen und was sie tun können, wenn es ihnen schwerfällt, sich zu konzentrieren. Eine solche fundierte Arbeitsweise hilft dem Kind, sein Potenzial zu verwirklichen.

Wichtig ist es, die Selbstständigkeit und Eigenverantwortung des Kindes in den Vordergrund zu stellen und die eigenen Erwartungen in den Hintergrund treten zu lassen.

Ein Kind kann in der Schule nur erfolgreich sein, wenn es individuell gesehen wird. Es ist sehr selten, dass jemand in allen Fachbereichen nur herausragende Leistungen erzielt. Daher ist es wichtig, herauszufinden, wo die Stärken und Schwächen des Kindes liegen und es entsprechend zu fördern. Der Vergleich mit anderen Kindern liegt oft auf der Hand und Sätze wie »Warum können es denn die anderen?« oder »Der ... lernt kaum etwas zu Hause und hat immer tolle Noten!« kommen uns vielleicht in den Sinn, sollten aber immer heruntergeschluckt werden. Denn außer, dass das Kind sich schlecht fühlt, weil es nicht so ist wie das Nachbarskind, ist damit nichts gewonnen. Im Gegenteil, das Kind lernt im Negativen, sich zu vergleichen, und fühlt sich selbst als Versager. Ein Kind jedoch, das ein gesundes Selbstbewusstsein entwickeln konnte, weil es um seinen Wert und seine Fähigkeiten weiß, wird Defizite als Herausforderung ansehen und nicht als Hindernis.

Verständnis der einzelnen Schularten als Förderung spezieller Fähigkeiten

Die Schulsysteme in den einzelnen Bundesländern sind unterschiedlich aufgebaut. Manche teilen die Kinder bereits nach der 4. Klasse auf. Andere haben eine Orientierungsstufe, die die Klassen fünf und sechs umfasst. Eine Entscheidung für die weiterführende Schule fällt hier nach der 6. Jahrgangsstufe. Auch die Auswahl der weiterführenden Schularten und deren Aufnahmebedingungen variieren sehr stark. Somit ist der Druck, der auf Kindern, Eltern und Lehrkräften lastet, unterschiedlich ausgeprägt.

Ich möchte im Folgenden anhand der vier grundlegenden Schultypen herausarbeiten, welche unterschiedlichen Fähigkeiten der Kinder in dem jeweiligen Schultyp angesprochen und ausgebildet werden. Es geht mir darum, aufzuzeigen, dass es sich bei den verschiedenen

Schultypen nicht um das »bessere« Gymnasium und die »schlechtere« Hauptschule handelt, sondern dass in der jeweiligen Schulart schwerpunktmäßig eine unterschiedliche Vorbereitung auf die kommende Berufsbahn angeboten wird.

Zu einer erfolgreichen Schullaufbahn gehört mit größter Wichtigkeit die Wahl der richtigen weiterführenden Schule. Dies ist eine schwierige Aufgabe, die sowohl Eltern als auch Lehrer betrifft.

Ein Kind, das ein Gymnasium besucht und immer wieder starke Misserfolgserlebnisse hat, Klassenstufen wiederholt und eventuell die Schulart wechseln muss, kann in eine Negativspirale geraten. Es gibt immer wieder Kinder, die im Gymnasium beginnen, in der Realschule den Anschluss verpassen, sich in der Hauptschule bereits aufgegeben haben und am Ende gar keinen Schulabschluss schaffen. Das finde ich sehr erschreckend, denn man kann sich gut vorstellen, wie sich das Kind bei seiner »Tour durch die verschiedenen Schularten« fühlen muss. Eine realistische Einschätzung der Begabungen und Neigungen im Austausch mit den unterrichtenden Lehrkräften ist überaus wichtig.

Schauen wir uns nun vier Schularten (Gesamtschule, Gymnasium, Realschule und Hauptschule) hinsichtlich ihrer Anforderungsprofile einmal genauer an.

Ich habe diese vier Schularten als Grundtypen ausgewählt. Die Verknüpfungen und Auswahlmöglichkeiten sind in den einzelnen Bundesländern sehr unterschiedlich. Es soll hier um eine allgemeine Aufstellung der Profile gehen.

Gesamtschule

Die Gesamtschule hat eine Sonderposition inne. Sie fasst Schüler aller Leistungsstärken zusammen und bietet somit die Möglichkeit, eine endgültige Laufbahnentscheidung relativ spät zu treffen. Bei dieser Schulform findet die Differenzierung innerhalb der Schule statt und nicht durch verschiedene Schultypen. Man unterscheidet die Integrierte Gesamtschule, bei der die Schüler in einzelnen Fächern je nach Leistungsstand zusammengefasst werden, und die Kooperative Gesamtschule, bei der der Unterricht in den meisten Fächern in Hauptschul-, Realschul- und Gymnasialklassen eingeteilt ist. Musische Fächer werden hier gemeinsam unterrichtet.

An der Gesamtschule können alle Bildungsabschlüsse erreicht werden, die auch an der Hauptschule, Realschule und am Gymnasium erworben werden können. Die genaue Struktur und die Häufigkeit von Gesamtschulen können zwischen den einzelnen Bundesländern abweichen.

Gymnasium

Auf den ersten Blick scheint das Gymnasium die beste Wahl zu sein, denn dort erlangt man mit dem Abitur den höchsten Bildungsabschluss und damit die anscheinend höchste Garantie für einen »guten Job«. Doch dieser erste Blick täuscht, denn nicht für alle Kinder ist das Gymnasium die richtige Wahl.

Das Gymnasium vermittelt das Wissen hauptsächlich in abstrakter Form, d.h. die Kinder müssen in der Lage sein, sich den Unterrichtsstoff weitgehend ohne Veranschaulichung zu eigen zu machen. Hinzu kommt das Erlernen von mindestens zwei Fremdsprachen. Es ist wichtig zu überprüfen, ob das Kind sowohl die sprachliche Begabung als auch die Freude am Umgang mit Sprachen hat, die es ihm ermöglichen, diese Herausforderung zu meistern. Das Gymnasium bahnt wissenschaftliche Arbeitsweisen an. Von den Schülern wird ein hohes Maß an Selbstständigkeit, Anstrengungsbereitschaft und Organisationsvermögen gefordert, das auf ein Hochschulstudium vorbereitet. Häufige Fach- und damit Lehrerwechsel gehören zum Schulalltag. Das Kind muss also in der Lage sein, sich flexibel auf verschiedene Lernsituationen und Anforderungen einzulassen.

Wenn ein Kind von sich aus sehr wissbegierig ist und sich gerne intensiv mit verschiedensten Lerninhalten auseinandersetzt, ist das Gymnasium die richtige Wahl. Das Kind sollte bereits in der Grundschule in der Lage sein, sich selbstständig zu organisieren, gerne zu arbeiten und zu lernen.

Realschule

Die Realschule vermittelt sowohl eine fundierte Allgemeinbildung als auch Grundkenntnisse für eine Berufsausbildung. Hier kommt im Vergleich zum Gymnasium zusätzlich eine praktische Ausrichtung dazu.

Die Kinder können eine Wahlpflichtfächergruppe, die ihren Neigungen entspricht, wählen. Das kann entweder der mathematisch-naturwissenschaftlich-technische Bereich, der wirtschaftliche oder der sprachliche bzw. musisch-gestalterische, hauswirtschaftliche oder soziale Bereich sein.

Das Lernen an der Realschule ist insgesamt anschaulicher und praktischer ausgerichtet. Ein Kind, das gerne mit Anschauungsmaterial arbeitet und das praktische Arbeitsweisen gleichermaßen mag wie abstrakte Denkvorgänge, findet an der Realschule eine passende Lernumgebung. Die Schüler werden von einem Klassenlehrer begleitet, der die Klasse intensiv betreut. Die Zahl der Fachlehrer ist im Vergleich zum Gymnasium geringer. Ein Kind, das sich gerne auf eine Bezugsperson einstellt und häufigen Lehrerwechseln unsicher und vorsichtig gegenübersteht, findet an der Realschule ein Umfeld, das ein persönliches Eingehen auf das Kind ermöglicht.

Hauptschule

Die Hauptschule stellt praxisbezogene Lerninhalte in den Vordergrund und führt ihre Schüler gezielt an die Arbeitswelt heran.

Innerhalb der Hauptschule gibt es in einigen Schulen in der 7. Klasse die Möglichkeit, sich für den sogenannten Mittlere-Reife-Zug zu entscheiden, der nach der 10. Klasse zum mittleren Schulabschluss wie an der Realschule führt.

Der Unterricht der Hauptschule ist sehr lebensnah, konkret und anschaulich gestaltet. Die Kinder lernen viel durch ihr eigenes Tun, der Unterrichtsaufbau und die Methoden schließen sich denen der Grundschule an.

Die Klasse wird von einem Klassenlehrer geführt, auch hier ist der Übergang von der Grundschule sehr sanft, da sich für die Kinder in ihrem Lernumfeld wenig ändert.

Es zeigt sich sehr deutlich, dass es bei der Gliederung unseres Schulsystems um eine Ausrichtung an den Interessen und Begabungen geht. Dabei ist es schade, dass die Hauptschule häufig negativ bewertet wird. Die pädagogische Arbeit, die dort geleistet wird, ist besonders hervorzuheben und sollte mehr Wertschätzung erfahren. Momentan verkommt sie leider zum Teil zu einer »Restschule«, einem Auffangbecken für all diejenigen, die niemanden hatten, der ihnen half, eine »höhere« Schulform zu erreichen.

Einem Kind ist nicht damit gedient, wenn es nur unter größter Anstrengung das Gymnasium erreicht. Denn die eigentliche Arbeit beginnt erst dort. Es ist nicht damit getan, den Übertritt geschafft zu haben. Oft höre ich von Eltern das Argument, dass im Gymnasium die Noten nicht mehr so bedeutend seien, und dass es dann in Ordnung sei, wenn das Kind mit der Note Vier durchkommt. Mir ist es wichtig darzustellen, wie sich das Kind fühlt, wenn es nur mit viel Aufwand immer gerade noch so versetzt wird. Ein hoher Schulabschluss ist sicher ein erstrebenswertes Ziel, wenn das Kind die Fähigkeit dazu hat, aber nicht um jeden Preis.

Wichtiger ist die Persönlichkeit. Sie sollte geschützt werden und sich nach ihren Bedürfnissen entfalten dürfen. Viele Misserfolgserlebnisse in der »falschen« Schule wirken sich sehr negativ auf den Selbstwert aus und verhindern, dass das Kind seine Stärken kennenlernt und sich gesund entwickelt.

Unser Schulsystem ist so durchlässig, dass es auch nach Abschluss einer Schulart diverse Möglichkeiten gibt, einen weiteren Schulabschluss zu machen. Jedes Kind wird sich entsprechend seiner Begabung entwickeln. Ein Kind, das eine starke und gesunde Persönlichkeit aufbauen durfte, geht seinen Weg und wird für sich in seinem Leben erfolgreich.

Die Gespräche an Elternabenden zum Thema Übertritt sind manchmal sehr emotional und engagiert. Man könnte dort fast den Eindruck bekommen, dass das Leben nur mit Abitur lebenswert sei. Ich stelle mir dann immer vor, wie sich wohl ein Elternteil in so einer Gesprächsrunde fühlen muss, der selbst »nur« einen Hauptschulabschluss oder die Mittlere Reife hat. Was nützt einem ein Abitur, wenn man seine Neigungen nicht ausleben kann, wenn man eher künstlerisch-kreativ begabt ist oder gerne ein Handwerk erlernen möchte? Sind das dann schlechtere Menschen? Wenn man manchen Eltern zuhört, könnte man diesen Eindruck bekommen.

Trauen wir uns also loszulassen und das Kind mit dem Herzen zu beobachten, es zeigt uns sicher unmissverständlich, welcher Weg der richtige ist.

WAS FÜR UNSERE KINDER DAS LERNEN SCHWIERIG MACHT

Um ein Kind auf seinem individuellen Weg begleiten und ihm bei der Entwicklung seines größtmöglichen Potenzials helfen zu können, ist die Betrachtung des gesamten Umfeldes ein wichtiger Schritt. Dazu gehören die sogenannten lernhemmenden Faktoren, also die Gewohnheiten und Umstände, die das Kind daran hindern, seine Fähigkeiten auszubilden. Vielfach wird der zu große Fernsehkonsum, die nicht ausgewogene Ernährung und mangelnde Bewegung in den Medien thematisiert. Dennoch habe ich den Eindruck, dass sich nur wenig zum Positiven verändert und dass das Bewusstsein von der Schädlichkeit dieser genannten Faktoren zum Teil noch nicht klar genug vorhanden ist. Es geht mir im Folgenden darum, zum einen die extremen Auswirkungen, die bestimmte Gewohnheiten haben können, aufzuzeigen und zum anderen Möglichkeiten anzubieten, die Veränderungen herbeiführen können.

Fernsehen

Das Fernsehverhalten von Kindern ist ein viel diskutiertes und sehr umstrittenes Thema.

Um sich ihm zu nähern, ist es erst einmal wichtig herauszufinden, welche Rolle das Fernsehen für einen selbst als Erwachsenen spielt. Wenn ich einen bewussten Umgang mit dem Fernsehen pflege, mir ab und zu eine interessante Sendung aus einer Programmzeitschrift heraussuche oder eine DVD ausleihe und diese anschaue und den Fernseher danach wieder ausschalte, kann ich dieses Verhalten an meine Kinder weitergeben und gemeinsam mit ihnen pädago-

gisch wertvolle und kindgerecht gemachte Sendungen und Filme ansehen. Wenn ich jedoch feststelle, dass ein Abend ohne Fernsehen für mich unvorstellbar ist, dass ich nicht weiß, wie ich meine Zeit füllen soll, wenn nicht irgendeine Serie oder Quizshow mein Leben »bereichert«, oder wenn ich gar die Stille in der Wohnung nicht ertrage, wenn nicht im Hintergrund Jörg Pilawa zu mir spricht, dann sollte ich mir Gedanken zu diesem Thema machen.

Ich selbst habe genau diese Erfahrungen gemacht. Es gab Zeiten, in denen ich spätestens nach fünf Minuten, die ich in der Wohnung war, den Fernseher einschaltete und nebenbei etwas anderes machte. Kaum ein Essen nahm ich ohne meinen unpersönlichen Flimmerfreund ein. Als mir die innere Leere bewusst wurde, die die Stille in meiner Wohnung auslöste, wenn die Kiste nicht lief, erschrak ich ungemein und war fest entschlossen, einen »Entzug« zu machen. Es gelang mir nur, nicht fernzusehen, wenn ich den geliebten Kasten in den Keller verbannte. Wie viel Energie da auf einmal frei wurde, wie viel Zeit ich hatte und wie kreativ ich von nun an meine Abende gestaltete, ist kaum vorstellbar! (Von den anfänglichen Entzugserscheinungen einmal abgesehen!)

Wenn Ihnen diese »Symptome« irgendwie bekannt vorkommen, sollten Sie sich einmal eine »Fernseh-Auszeit« gönnen. Auch wenn es mehrerer Anläufe bedarf, bis Sie es endgültig schaffen, einen längeren Zeitraum ohne Fernseher auszukommen, ist es eine lohnenswerte Erfahrung. Man lernt viel über sich selbst, über eine Form des Suchtverhaltens und darüber, was unterschiedliche Sendungen auslösen. Lassen Sie sich ein auf diese Selbsterfahrung, sie wird Ihnen und Ihrer Familie guttun.

Welche Konsequenzen hat das für das Familienleben?

Kinder orientieren sich in erster Linie an dem, was sie zu Hause erfahren. In einer Familie, die keinen Fernseher besitzt, lernt das Kind ganz automatisch, seine Zeit anders zu füllen. Für viele Menschen ist die Vorstellung, ganz ohne Fernseher auszukommen, nicht möglich und erscheint ihnen nicht sinnvoll. Sie fühlen sich durch das Fernsehen gut informiert und wollen diese Quelle auch ihren Kindern zur Verfügung stellen. Dabei sollte unbedingt darauf geachtet werden, dass die Kinder keine Nachrichtensendungen und Katastrophenmeldungen anschauen. Immer wieder berichten mir Eltern stolz, wie interessiert ihr Kind an den Weltgeschehnissen sei. Das ist sicherlich lobenswert und sollte gefördert werden. Für Kinder gemachte Nachrichten informieren ebenso, zeigen aber weniger scheußliche und für die kindliche Seele nicht zu verarbeitende Bilder. Oft werden Kinder zu kleinen Erwachsenen gemacht und die Eltern sind begeistert, wenn so viel Interesse für »erwachsene Themen« gezeigt wird. Doch die kindliche Fantasie und der Umgang mit inneren Bildern ist ein anderer und sollte nicht mit erwachsenen Maßstäben gemessen werden. Für Kinder ist der Bezug zur eigenen Person stark ausgeprägt und sie können sich nicht von dem auf dem Bildschirm Gesehenen distanzieren. Sie leben förmlich mit. Bitte schützen Sie Ihr Kind davor, es kommt früh genug in ein Alter, wo es selbst entscheiden wird, was es ansehen möchte und welche Nachrichten es seinem System zumuten kann. Es wird dann verantwortungsvoll mit sich selbst umgehen, wenn es diesen Umgang gelernt hat.

Andere befürchten, wenn ihre Kinder ohne Fernsehen aufwachsen, werden sie zu Außenseitern in der Klasse, da sie beim Gespräch auf dem Pausenhof über die Sendungen des gestrigen Tages nicht mitreden können. Ich habe bis jetzt nur wenige Kinder in einer Klasse erlebt, die zu Hause keinen Fernseher hatten. Für mich wirkten diese Kinder sehr gefestigt und sie empfanden das, was sie zu Hause erlebten, als normal. Mit Sicherheit gab es den einen oder anderen Moment, in dem sie sich ausgeschlossen fühlten. Auch diese Erfahrungen gehören zum Leben und es ist ein gutes Gefühl zu wissen, dass man nicht überall mitreden können muss, um sich in einer Gemeinschaft geborgen zu fühlen. Im Gegenteil, ich denke, es ist auch eine wichtige Tugend, nicht alles so zu machen, »wie alle es machen«, nur um dazuzugehören. Das ist sicher weder für Eltern noch für Kinder leicht zu lernen, aber in unserer Zeit des Überflusses in vielen Bereichen ist ein gesundes Gespür für das, was mir ganz persönlich guttut und was nicht, unerlässlich.

Der Neurobiologe Manfred Spitzer beschreibt in seinen Ausführungen über die Auswirkungen des Fernsehens, dass eher das Vielfernsehen die Kinder zu Außenseitern macht und nicht umgekehrt, da es die Kinder in einer Zeit vor dem Bildschirm gebannt hält, in der sie sich sonst mit Freunden treffen könnten. Zudem leben diese Kinder eher in einer virtuellen Welt als in der Realität.

An dieser Stelle möchte ich auch noch ein paar ausgewählte Fakten zum Thema Fernsehen aus seinem Buch *Vorsicht Bildschirm* anführen. Seine Angaben basieren alle auf wissenschaftlichen Untersuchungen der letzten Jahre. Die Lektüre seines Buches kann ich jedem Eltern-

teil ans Herz legen. Die Auswirkungen des Fernsehens auf unsere Kinder können sehr gravierend sein und das Leben entscheidend beeinflussen. Deshalb sollte sich jeder bewusst damit auseinandersetzen und sich umfassend informieren, um dann zu entscheiden, welchen Weg man gemeinsam in der Familie gehen möchte. Manchmal mutiert der Fernseher zu einem praktischen Babysitter. Es muss jedoch im Bewusstsein sein, dass die schnell gewonnene Ruhe, die sich daraus ergibt, dass die Kinder »in die Röhre« schauen, langfristige Folgen hat, die mit sehr viel Unruhe einhergehen können.

Auch die Zunahme von Aggression bei Kindern, die viel und unreflektiert fernsehen, ist messbar. Mich erschreckt es sehr, wenn ich lese, dass Kinder in den USA im Grundschulalter bereits durchschnittlich 8.000 Morde im Fernsehen gesehen haben. Wie sollen sie das verarbeiten, wenn nicht durch eigene Gewaltbereitschaft?

Insgesamt lässt sich noch einmal zusammenfassen, dass der negative Aspekt des Fernsehens sehr stark dosisabhängig ist. Wenn ein Kind also gelegentlich eine ausgewählte und dem Alter entsprechende Sendung im Kreise der Familie anschaut, schadet das mit Sicherheit nicht. Wenn der Fernseher jedoch zum Familienmitglied mutiert und mehr zur täglichen Unterhaltung beiträgt als die anwesenden Menschen, sollte man einmal in sich gehen und etwas verändern. Die Kinder müssen lernen, mit der Faszination, die das Fernsehen eindeutig auf sie hat, umzugehen und es für ihre Zwecke nutzbar zu machen. Dazu lässt sich zum Beispiel ein Gutschein-System ein-

Hier also nun ein paar »Blitzlichter« aus:
»Vorsicht Bildschirm«

x Fernsehen führt zu schlechteren Schulnoten, auch wenn man den Einfluss von Intelligenz, Lesezeiten außerhalb der Schule, Zeit mit den Hausaufgaben und Lesegewohnheiten der Eltern nicht miteinbezieht.

x Der durchschnittliche Fernsehkonsum bei Grundschulkindern liegt bei 1,5 Stunden täglich.

x Kinder, die einen eigenen Fernseher im Zimmer haben, sehen mehr fern.

x Kinder, die viel fernsehen (auch bereits im Kindergartenalter), lernen schlechter lesen, sind weniger kreativ, nehmen Zusammenhänge eher oberflächlich auf, denken weniger kritisch und übernehmen Stereotype.

x Kinder, die viel fernsehen, bewegen sich weniger, was langfristig zu Übergewicht und Krankheit führt.

x Das Fernsehen in der Kindheit führt zwischen dem elften und 15. Lebensjahr zu ernsthaften Problemen bezüglich des Sozialverhaltens. Jugendliche, die viel fernsehen, werden zu Außenseitern.

x Fernsehen steht in Korrelation mit Aufmerksamkeitsstörungen.

führen. Die Kinder können dabei zwei Gutscheine pro Woche einlösen und sich dafür eine Sendung aussuchen. Viele Kindersendungen machen auch Erwachsenen Spaß und es gibt vermutlich nur wenige, die nicht auch noch etwas bei der *Sendung mit der Maus* lernen können.

Unregelmäßige und wenig nahrhafte Ernährung

Häufig spielt in unserem Alltag Ernährung eine untergeordnete Rolle. Wir essen, um keinen Hunger zu haben. 98 Prozent der Bevölkerung wissen um die Bedeutung von guter Ernährung und haben die besten Vorsätze[*], doch der hektische Alltag lässt die Menschen eher zu schnellen Imbissen greifen. Meistens geschieht das Essen nebenbei, denn es gibt so viele andere Dinge zu erledigen, die erst einmal wichtiger erscheinen. Wer kennt das nicht: In der Früh beim Frühstück werfe ich schnell einen Blick in die Zeitung, notiere auf einem Schmierzettel das Wichtigste, was an diesem Tag zu erledigen ist und mit dem letzten Bissen im Mund räume ich schon den Geschirrspüler ein. In jedem Fall soll alles schnell gehen, denn meistens sind wir zu knapp aufgestanden und in Kürze müssen alle fertig sein für Schule, Kindergarten und Arbeit.

Unser Körper ist unser Kapital und das verdient Wertschätzung. Wir sollten ihn wie einen Tempel ehren und ihn pflegen. Ein Körper, der nicht geehrt, also auch nicht bewusst genährt wird, kann uns nicht dienen. Wenn ich mein Leben bewusst führe und gut auf meinen Körper achte, gehe ich sorgsam mit meiner Lebensenergie um und habe damit die Kraft, mich gesund zu halten.

Das »wie ich esse« steht über dem »was ich esse«. Es ist wichtig, für sich individuell herauszufinden, was einem guttut. Normalerweise spüren wir, was unser Körper braucht.

---

[*]   www.medizin-auskunft.de

Dafür benötigen wir aber Zeit. Wenn immer alles schnell und nebenbei gehen muss, können wir diese Gefühle nicht wahrnehmen und speisen unseren Körper leichtfertig ab, nur damit er uns keine Hungersignale mehr sendet.

Was also ergibt sich aus all diesen Einsichten?

1. Ich nehme mir Zeit für die Zubereitung des Essens
Das Auswählen eines leckeren Gerichts, das Einkaufen und das gemeinsame Zubereiten in der Familie sind sehr wertvolle Momente. Achtsamkeit, Liebe und Freude sind als wertvolle Zutaten für jedes Gericht nicht zu verachten ...

2. Ich esse in Ruhe und mit Genuss
Es lohnt sich, zu lernen, beim Essen wirklich nur zu essen und nicht nebenbei zu lesen oder fernzusehen. Ihr Körper wird es Ihnen danken. Nicht umsonst gab es früher den schönen Spruch: »Gut gekaut ist halb verdaut«. Erst wenn ich in Ruhe esse, schmecke ich richtig und nur so kann mein Körper auch das Wertvolle der Nahrung aufnehmen.

Ein schön gedeckter Tisch, ein paar Kerzen, vielleicht frische Blumen, ein Gebet geben dem Essen eine sinnliche Abrundung und bringen zum Ausdruck, dass wir ihm mit Achtung und Dankbarkeit begegnen.

3. Regelmäßige Mahlzeiten sind wohltuend
Es macht den Körper müde, wenn er den ganzen Tag mit Verdauung beschäftigt ist. Drei bis vier Mahlzeiten geben dem Körper die Pausen, die er braucht und wir können die freigesetzte Energie im Alltag nutzen.

Kinder haben von sich aus ein sehr gutes Gespür dafür, was ihnen guttut und was nicht. Häufig verlernen sie jedoch sehr früh, darauf zu vertrauen. Zum einen, weil wir Erwachsene ihnen sagen, was sie essen müssen. Schließlich sind wir es, die wissen, was gesund ist. Zum anderen verdirbt der übertriebene Konsum von Zucker, Geschmacksverstärkern, Farbstoffen u.ä. den natürlichen Zugang zu diesem Gefühl. Viele auf dem Markt befindlichen bunt verpackten »Kindernahrungsmittel« und »Frühstückscerealien« sind häufig wenig nahrhaft. Sie enthalten zu viel Zucker, Fett und Salz.

Noch ein Wort zum Thema »Milch ist so gesund«. Das gilt nur eingeschränkt. Es gibt viele Menschen, die Milch nicht gut vertragen, vor allem dann, wenn sie getrunken wird. Der Körper ist nicht in der Lage, die wertvollen Bestandteile aufzuspalten, was zu Unverträglichkeiten führt. Milch sollte gegessen werden (mit Müsli oder in Form von Milchprodukten), denn so kann sie von den im Speichel befindlichen Enzymen aufgespalten werden. Babys und Kleinkinder trinken Milch nicht umsonst aus Flaschen mit kleinen Löchern, denn auch so wird der Speichelfluss zur Vorverdauung angeregt.

Manche Kinder verlangen stark nach Nahrungsmitteln, gegen die sie eine Unverträglichkeit entwickelt haben. So zum Beispiel ein Junge, dessen Eltern besonders stolz auf ihn waren, weil er so gerne Milch trank. Er wurde überaktiv, wenn er sie trank, und weinerlich und zerstörerisch, wenn er sie nicht bekam. Als die Familie die versteckte Nahrungsmittelallergie erkannte und

Milch aus dem Ernährungsplan strich, wurde das Kind ausgeglichener.[*]

Mit diesem Beispiel möchte ich die Möglichkeit aufzeigen, dass bestimmte Verhaltensweisen mit Ernährung zusammenhängen können. Vielleicht fühlen Sie sich angesprochen und ziehen eine Fachkraft zu Rate. Vertrauen Sie Ihrem Gefühl, es wird Ihnen den rechten Weg weisen!

Übertriebenes Freizeitprogramm

Kennen Sie das auch? Sie haben zwei oder mehr Kinder und sind den ganzen Nachmittag damit beschäftigt, die Kinder zu den verschiedenen Terminen zu chauffieren. Ist das eine für Sie wertvolle Zeit?

Das Wort »Freizeit« beinhaltet, dass es sich um eine freie Zeit handelt, eine Zeit, in der ich frei bin, um mich zu entfalten. Eine Zeit, in der ich spontan das machen kann, wonach ich mich fühle.

Heutzutage hat die Freizeit diesen Charakterzug häufig verloren. Sie folgt einem straffen Terminplan und verursacht zum Teil mehr Stress, als Arbeit und Schule es tun. Eine sinnvoll gestaltete Freizeit ist jedoch ein wichtiger Ausgleich zum organisierten Schulleben. Am Nachmittag sollen die Kinder sich bewegen, ihren Neigungen nachgehen, Freunde treffen, Zeit haben, etwas zu basteln, zu malen usw.

---

[*]   Dr. Anne Calatin: *Die Rotationsdiät*, München 1997

Uns steht eine Vielzahl von Möglichkeiten zur Freizeitbeschäftigung offen, die von Vereinen, Musikschulen und diversen privaten Anbietern angeboten werden. Es ist wichtig, eine sinnvolle Auswahl zu treffen. Natürlich wollen Eltern ihr Kind auch am Nachmittag optimal fördern und so soll es die Möglichkeit haben, sich sportlich zu betätigen, ein Instrument zu spielen und vielleicht noch frühzeitig Englisch zu lernen. Es ist wunderbar, wenn Kinder diese Möglichkeiten zum Selbstausdruck erhalten. Es sollte nur darauf geachtet werden, dass es nicht zu viel wird, denn das passiert ganz schnell. Hier gilt ganz eindeutig: Weniger ist mehr.

Kinder brauchen Raum für sich, eine Zeit, die sie selbst einteilen können. Sie brauchen Phasen der Stille und des Nichtstuns. Kinder, die an ein umfassendes Freizeitprogramm gewöhnt sind, sind darauf angewiesen, dass irgendjemand sie unterhält und die Not ist groß, wenn heute noch nicht einmal ein Freund Zeit hat. Dann bleibt manchen nur noch die Idee, den Fernseher einzuschalten ...

Es gibt auch in diesem Bereich keine goldene Regel. Jede Familie muss einen für sich guten Weg finden. Wichtig ist, dass alle sich damit wohlfühlen und dass das ausgewählte Programm wirklich den individuellen Interessen des jeweiligen Kindes entspricht. Schauen Sie genau hin, was zu Ihrem Kind passt. Spielt es das Instrument wirklich, weil es ihm Spaß macht und es im musikalischen Bereich eine Begabung hat, oder ist es mehr ein unerfüllter Wunsch Ihrerseits aus der eigenen Kindheit?

Es ist sinnvoll, den Kindern einen guten Weg zu zeigen, wie sie an einer Sache dranbleiben können, wie sie

sich Ziele setzen und sich für etwas dauerhaft begeistern können und nicht bei der ersten Unbequemlichkeit alles aufgeben. Es ist ein gutes Gefühl, etwas gefunden zu haben, was zu einem passt. Dabei sind Eltern eine wichtige Stütze für ihre Kinder, denn die Fülle des Angebots macht neugierig und es ist gut nachvollziehbar, dass manche Kinder am liebsten alles machen würden.

Mangelnde Bewegung

Kinder bewegen sich von Natur aus gerne und viel. Wenn man Kleinkinder beobachtet, so steht man staunend vor all der Energie, mit der sie den ganzen Tag unterwegs sind, um ihre Welt zu erforschen. Am Abend ist es dann, als würde die Batterie ausgehen und sie fallen hundemüde und zufrieden ins Bett. Bewegung ist also ein natürlicher Vorgang, sie macht Spaß, sie tut gut, sie gleicht aus. Kinder, die sich nicht ausreichend bewegen können, werden ungeduldig, sind überdreht und können nichts mit sich selbst anfangen.

Was passiert nun, wenn ein Kind zu wenig Bewegung bekommt, weil es zum Beispiel viel Zeit vor dem Fernseher verbringt? Am Anfang ist die Unausgeglichenheit noch deutlich spürbar, der Drang nach Bewegung verleiht sich noch Ausdruck. Im Laufe der Zeit aber gewöhnt sich der Körper ans Nichtstun, er wird träge. Jeder kennt das aus eigener Erfahrung: Solange man in Aktion ist, ist es kein Problem, auch noch die ein oder andere Kleinigkeit zu erledigen. Wenn man aber einmal gemütlich auf der

Couch sitzt, erscheint schon der Weg in die Küche, um eine Tasse Tee zu kochen, unüberwindbar.

Bewegung erzeugt Aktion und Aktion macht beweglich in Körper, Geist und Seele. Ein Körper, der in Bewegung ist, ist ausgeglichen und kann in sich ruhen. Im Yoga sagt man, dass die Beweglichkeit des Körpers die Beweglichkeit des Geistes, die Flexibilität im Denken und Fühlen unterstützt.

In der Kinesiologie wird Bewegung sogar bewusst eingesetzt, um die Verbindung zwischen den beiden Gehirnhälften zu stabilisieren, damit diese gut zusammenarbeiten können, was den Lernprozess unterstützt.

Kinder sollen in der Natur frei laufen, springen, klettern, balancieren usw. Das mag sehr banal klingen, ist aber zum Teil nicht mehr selbstverständlich. Ein »normaler« Spaziergang, bei dem man auf Bäume klettern kann oder auf dem Randstein balanciert, ist für manche Kinder eine Seltenheit. Häufig werden sie im Auto zu einem Sportverein gefahren, wo sie nach bestimmten Bewegungsvorgaben, die der jeweiligen Sportart entsprechen, trainieren. Dabei sollten sie ihren Körper und seine Beweglichkeit ausprobieren und Freude an der Bewegung haben dürfen, die natürlich aus ihnen heraus kommt. Ein Kind, das seinen Körper kennt und mag, steht selbstbewusst auf seinen zwei Beinen und damit im Leben.

Stress und Leistungsdruck

Stress und Leistungsdruck sind genau genommen das gerade Gegenteil von Lernerfolg. Sie machen Lernen zum Teil unmöglich.

Es gibt Kinder, denen ein gesundes Maß an Druck guttut, weil dieser sehr motivierend wirken kann – vermutlich können sich viele dabei noch an die eigene Ausbildungszeit erinnern, in der so manche Hausarbeit oder Übungsaufgabe erst dann geschrieben wurde, wenn der Termin zur Abgabe schon bedenklich nahe gerückt war. Druck ist also nicht grundsätzlich schlecht, sollte aber ein bestimmtes Maß nie überschreiten. Die genaue Beobachtung des eigenen Kindes hilft Eltern, ihr Kind einzuschätzen und eine passende Vorgehensweise zu finden.

Gerade in der Klassenstufe, in der der Übertritt an eine weiterführende Schule ansteht, ist Schule oftmals für die Kinder stark mit Stress und Leistungsdruck verbunden. Kinder, die an sich immer problemlos und ohne viel Aufwand gute Leistungen erzielen konnten, werden in Prüfungssituationen so nervös, dass sie weit unter ihren Fähigkeiten arbeiten.

Manche Kinder geraten durch die Erwartungen der Eltern oder auch der Großeltern stark unter Druck. Sie alle wollen nur das Beste für ihr Kind und dieser Wunsch überlagert zum Teil die klare Sicht auf das, was »wirklich« das Beste für das Kind ist und wo die Neigungen des Kindes liegen. In manchen Familien herrscht diesbezüglich kein Druck und dennoch stehen die Kinder in starker Konkurrenz mit ihren Klassenkameraden. Wieder andere

sind von sich aus sehr ehrgeizig und wollen immer besser sein, als sie es sind.

Der Umgang mit Stress und Leistungsdruck ist in diesem Zusammenhang ein wichtiger Punkt. Ihre Entstehung ist meist unvermeidbar. Deshalb ist es als Eltern und Pädagogen auch unsere Aufgabe, dem Kind Hilfsmittel anzubieten, wie es sich in Stresssituationen selbst beruhigen kann. Im Praxisteil finden Sie zahlreiche Beispiele und Anregungen, wie Entspannungsübungen, imaginäre Kraftsymbole oder kinesiologische Übungen hier unterstützend wirken können (siehe S. 159 ff.).

Ehrlichkeit sich selbst und dem Kind gegenüber ist dabei sehr entscheidend. Das Kind darf wissen, was man für Wünsche und Hoffnungen hat, aber es muss den Freiraum haben, seinen eigenen Weg zu gehen. Erwartung lässt sich nicht verheimlichen, auch wenn sie nicht ausgesprochen wird.

Ich wünsche Ihnen zu diesem Thema viel Mut und Kraft, denn es ist sicherlich nicht einfach anzunehmen, wenn das Kind eine andere Entwicklung nimmt, als man es sich vorgestellt hat. Vielleicht fühlt man sich selbst als Versager, wenn das Kind nicht besser in der Schule ist. Eine eindeutige Trennung zwischen meinen Erwartungen, die auf meiner Seite klar artikuliert werden, und den Fähigkeiten und Bedürfnissen des Kindes, die respektiert werden, ist ein wichtiger Schritt in die richtige Richtung. Wenn sich die beiden Seiten zu sehr vermischen, wenn nicht mehr erkennbar ist, wo welche Bedürfnisse anfangen und aufhören, entsteht für alle Beteiligten enorm viel Stress, der sich kontraproduktiv auswirkt.

Eine kleine Einfühlübung

Schreiben Sie auf kleine Karteikarten alle Wünsche und Erwartungen, die Sie an ihr Kind haben (immer ein Wunsch je Karte). Wichtig ist es dabei, mit sich selbst ehrlich zu sein und auch die Erwartungen aufzuschreiben, von denen man schon weiß, dass sie das Kind unter Druck setzen.

Nun nehmen Sie ein Papier und schreiben Sie den Namen des Kindes darauf. Sie können wahlweise auch ein Bild vom Kind malen. Legen Sie das Papier auf den Boden und ordnen Sie die Karteikarten um das Bild herum an.

Wie weit die Karten entfernt liegen, kann sehr unterschiedlich sein. Nun stellen Sie sich auf das Bild ihres Kindes und wenden Sie sich einzelnen Erwartungs-Karteikarten zu. Wie fühlt es sich an, wenn ich zum Beispiel »Abitur« oder »gute Schulleistungen« lese? Welche Gefühle machen sich im Körper breit? Fühle ich mich eher angespornt, die gesteckten Ziele zu erreichen, oder bekomme ich kaum noch Luft, wenn ich den einen oder anderen Zettel lese?

Diese Übung hilft zum einen, dass ich mir selbst klar werde, welche Erwartungen ich an mein Kind habe. Zum anderen bietet sie eine gute Möglichkeit, die Perspektive zu wechseln und mich in die Situation des Kindes hineinzuversetzen.[*]

---

[*] Nach dem Prinzip der Systemischen Pädagogik; vgl. hierzu: Barbara Innecken: *Weil ich euch beide liebe*, München 2007

JETZT HEISST ES BEOBACHTEN UND DARAUS LERNEN

Es soll nun darum gehen, eigene Verhaltensmuster, Angewohnheiten sowie familiäre Hintergründe genauer zu hinterfragen und sich so näher kennenzulernen. Je genauer man die eigenen Muster als solche identifiziert, desto freier wird der Blick auf das Kind. Dieser Prozess der Reflexion ist eine spannende Reise, die mit Leichtigkeit und Freude angetreten werden soll.

Was hat das Ganze in einem Lernratgeber zu suchen?

Wenn ich Kinder in der Schule beobachte und dann die Eltern im Laufe der Zeit kennenlerne, stelle ich immer wieder fest, wie eng die Familienbande sind, wie nah die Verhaltensweisen mit den Konstellationen in der Familie zusammenhängen. Ich hatte einmal einen Jungen in der 3. Klasse, der ganz »normal« begabt war, ein durchschnittlicher bis guter Schüler. Er war sehr lebendig, lebensfroh und nahm manchmal aus Sicht seiner Eltern die Schule zu leicht, denn er war teilweise sehr unkonzentriert. Sein Hauptproblem war sein Bruder, der alles viel besser machte, nur die besten Noten schrieb, sehr strukturiert und selbstständig arbeitete. Wäre mein Schüler ein Einzelkind oder wäre sein Bruder weniger begabt gewesen, dann wären die Eltern sicherlich mit ihm wesentlich zufriedener gewesen. So musste er sich immer dem Vergleich stellen und hatte für sich beschlossen, dass er seinem Bruder im Bereich Schule nicht das Wasser reichen konnte. Deshalb »spezialisierte« er sich auf sportliche Aktivitäten, denn motorisch war er derjenige, der sich leichter tat. Als den Eltern dieser Zusammenhang bewusst wurde, war es für sie einfacher, die schulischen Leistungen des Jungen wertzuschätzen und ihn weniger mit seinem Bruder zu vergleichen. Allein die Bewusstwerdung eines solchen Zusammenhangs aufseiten der Eltern kann viel Druck aus einer angespannten Schulsituation herausnehmen.

Jeder Mensch ist für sich selbst verantwortlich, unsere Umwelt ist unser Spiegel. Sie zeigt uns, wo wir gerade stehen. Unsere Kinder sind da besonders gut geeignet, weil sie uns so nahe sind, dass sie uns genau an unseren wunden Punkten berühren. Wenn wir die wunderbare Lern- und Entwicklungschance für uns selbst darin erkennen können, nimmt dies den Kindern viel Last von den Schultern, denn sie müssen sich nicht für uns verantwortlich fühlen. Nur so können sie sich auf ihre eigene Entwicklung konzentrieren und ihr individuelles Selbst zum Vorschein bringen. Wenn jeder die Verantwortung für sich und sein Handeln übernimmt, bekommt das Zusammenleben in der Familie eine neue Tiefe und gleichzeitig eine ungeahnte Leichtigkeit, denn viele Konflikte entstehen aus Schuldzuweisungen.

Nun wünsche ich uns allen die Bereitschaft, sich auf diesen gemeinsamen Weg einzulassen. Unsere Kinder sind unsere Lehrer. Wir reichen ihnen die Hand und begleiten sie auf ihrem Weg. Es macht Freude, ist aufregend und spannend, diese Schritte gemeinsam zu gehen und sich selbst durch seine Kinder neu zu begegnen.

Welche familiären Voraussetzungen sind vorhanden?

Kein Kind kommt alleine in die Schule. Jedes bringt all die Früchte der bisherigen Erfahrungen, der Erbanlagen und familiären Konstellationen mit. Es ist ein lustiges Bild, wenn man sich vorstellt, wie es in einer Klasse aussehen würde, wenn alle Eltern, Großeltern und nahestehenden Verwandten mit im Zimmer sitzen würden. Das gäbe ein Durcheinander an Meinungen, Ideen, Wertvorstellungen usw.!

Für mich als Lehrerin ist es immer eine besondere Chance, mit den Eltern meiner Schüler eng zusammenzuarbeiten. Es ermöglicht mir, das Kind in seiner Ganzheit wahrzunehmen und zumindest in Teilen zu verstehen, warum es sich wie verhält.

Ich vermittle den Kindern, ihre Mitschüler mit deren individuellen Hintergründen wahrzunehmen. Es gibt in jeder Klasse Kinder, denen es schwerer fällt als anderen, sich an Regeln zu halten. Wenn es zu Konflikten in der Klassengemeinschaft kommt, zeige ich klar, dass bestimmte Verhaltensweisen nicht akzeptabel sind. Zusätzlich spreche ich mit den Kindern darüber, warum ihr Mitschüler sich in einer bestimmten Weise verhält. Jeder kann aus einer Konfliktsituation lernen. Der eine übt sich in Gelassenheit und Mitgefühl, während der andere daran arbeitet, sich besser an vereinbarte Regeln zu halten. So bekommt jeder konkret formulierte Ziele, auf die er hinarbeitet.* Gerade Kinder, die wiederholt mit

---

* Interessante Umsetzungsmöglichkeit: Ben Furman: *Ich schaff's*, Heidelberg 2007

negativem Verhalten Aufmerksamkeit erregen, erfahren viel Ablehnung, was es ihnen schwer macht, neue Verhaltensmuster zu entwickeln. Erst wenn ihnen zusätzlich zu klaren Grenzen auch Verständnis und Mitgefühl entgegengebracht werden, haben sie eine Chance, sich wieder zu normalisieren.

Es ist für alle wichtig, zu erfahren, dass es eine klare Trennung zwischen der Persönlichkeit und dem Verhalten einer Person gibt. Gemaßregelt wird immer nur das Verhalten. Dahinter steht aber der Mensch, der aufgrund seiner persönlichen Lebensgeschichte zu diesen Verhaltensweisen neigt, und der Mensch an sich ist liebenswert. Unser Fokus sollte sich auf die positiven Seiten eines jeden Menschen richten.

Die Rolle des Kindes in der Familie

Als Einleitung zu diesem Kapitel möchte ich Sie erst einmal auf eine kleine Zeitreise in die eigene Schulzeit einladen: Erinnern Sie sich, wie sie als Grundschulkind in ihrer Klasse saßen? An welchem Platz genau? Wer saß neben Ihnen? Wie nahmen Ihre Klassenkameraden Sie wahr? Waren Sie eher ruhig, brav, lustig, fleißig, unkonzentriert ...?

Das Erstaunliche bei einer solchen Erinnerung an die eigene Schulzeit ist, dass die verschiedenen Rollen, die es in einer Klasse gibt, immer die gleichen waren und bleiben. Es gibt wohl keine Klasse ohne den sogenannten »Clown«, den alle lustig finden, der seine Rolle liebt und für den es schwierig ist, Anerkennung über ernstes Verhalten zu erlangen. Ebenso gibt es die »Streber«, denen niemand glaubt, wenn sie sagen, sie hätten nicht gelernt, und nicht zu vergessen die »Sportler«, die man nie ohne Ball in der Hand und einen coolen Spruch auf den Lippen antrifft. Und da sind natürlich noch die »Träumer«, denen keiner so recht etwas, was mit dem echten Leben zu tun hat, zutraut. Die Klassen scheinen einen Pool von Rollen zu haben, aus dem sich jeder eine für ihn passende aussuchen kann.

Woher kommen nun diese Rollen und welche Bedeutung haben sie?

Schon sehr früh haben Kinder ein feines Gespür dafür, wie ihre Umwelt und insbesondere die Eltern auf ihr Verhalten reagieren. Sie merken genau, was ankommt und was die anderen nicht so gut finden. Kinder sind Weltmeister darin, die Reaktionen ihrer Umgebung genau zu beobachten. Bereits Kleinkinder lesen in unseren Gesten, der Mimik, der Körperhaltung und bilden sich daraus ein entsprechendes Muster. Die ersten sechs Lebensjahre sind besonders prägend in Bezug auf die sogenannten Grundmeinungen. Ein Kind bildet sich in dieser Zeit ein Raster, in dem es soziale Zusammenhänge einordnet. Wenn es nun von klein auf gelernt hat, dass seine Eltern mit Lachen reagieren, wenn es komische Gesichter zieht, wird es diese Begabung perfektionieren. Schließlich will es ja die Aufmerksamkeit seiner Eltern auf sich ziehen und in ihrem Lachen ihre Liebe spüren. Kommt das Kind nun in den Kindergarten, wird es als Erstes einmal versuchen, auch hier die anwesenden Personen von seinem unendlichen Talent, Grimassen zu schneiden, zu überzeugen. Nun kann es passieren, dass es in der Gruppe bereits jemanden gibt, der diese Rolle perfekt beherrscht und gegen den man als Neuer keine Chance hat. Was nun? Das Kind wird das Verhalten der Pädagogen genau beobachten und somit herausfinden, was gut ankommt. Der eine stellt vielleicht fest, dass man viel Lob bekommt, wenn man immer schön fleißig ist. Ein anderer kommt zu dem Schluss, dass es sich lohnt, andere zu ärgern, denn so hat man garantiert immer die Aufmerksamkeit mindestens einer Betreuungsperson und sicher auch die von anderen Kindern auf sich gelenkt.

Geschwisterbeziehungen spielen eine zentrale Rolle. Ich hatte einmal einen Schüler, der sehr lustig, intelligent und verhaltensoriginell war. Er konnte kaum eine Minute der Stille aushalten und hatte immer das zwanghafte Bedürfnis, sich in den Mittelpunkt zu stellen. Schulisch arbeitete er unterhalb seines Leistungsvermögens, weil er zu sehr mit seiner Rolle beschäftigt war. Seine Mutter kam sehr verzweifelt in die Sprechstunde, denn sie wusste nicht, wie sie mit ihm umgehen sollte. In unserem Gespräch ging es viel um den kleinen, vorbildlichen Bruder. In der Zeit, in der der Große Unsinn ausheckte, deckte der Kleine den Frühstückstisch für die Eltern und kochte bereits im Alter von vier Jahren seinen Eltern den heißgeliebten Kaffee. Wie clever der Kleine doch war! Er hatte genau erkannt, dass er damit seine Eltern um den Finger wickeln konnte. Der große Bruder fand neben ihm kaum noch einen Raum, in dem er »vorbildlich« sein konnte. Es lohnte sich für ihn gar nicht, sich in diesem Bereich profilieren zu wollen, denn da war ja bereits jemand, der mit viel Charme und reichlich Ideen diesen Platz besetzte.

Für die Kinder bedeutet es eine enorme Einschränkung, auf eine bestimmte Rolle festgelegt zu sein. Sie verlieren dabei sehr viel von ihrer Gesamtpersönlichkeit. Wie soll ein »Clown« den Mut finden, zu weinen oder sich zu ernsten Themen äußern? Wie soll der »Aggressive« nett zu seinen Mitschülern sein?

Ich möchte Sie nun einladen, das gleiche Gedankenspiel, das Sie zu Beginn des Kapitels über Ihre Schulzeit gemacht haben, noch einmal für ihre Familie durchzuführen:

Welche Rolle übernehmen Sie in der Erziehung? Welche Ihr Partner (wenn Sie einen haben)? Wie haben Ihre Kinder schon von klein auf einen guten Weg gefunden, Ihre Aufmerksamkeit auf sich zu ziehen? Stimmen Ihre Beobachtungen mit den Schilderungen der Lehrkraft über das Verhalten des Kindes in der Klasse überein? Welche positiven und welche negativen Assoziationen verbinde ich mit der Rolle meines Kindes? Inwieweit reagiert mein Kind mit seiner Rolle auf bestimmte Verhaltensmuster meinerseits?

In welchem Maß schränkt sich Ihr Kind durch sein Verhalten ein?

Wir leben in einem sozialen Gefüge und das ist bestimmt von unseren unterschiedlichen sozialen Rollen. Entscheidend ist, dass wir uns nicht auf eine festlegen, sondern viele Rollen, die zu unserer Persönlichkeit passen, etablieren.

Als Eltern können Sie einen entscheidenden Beitrag zur Rollenvielfalt beitragen, indem Sie Ihr Kind möglichst wertfrei beobachten und ihm Ihre Beobachtungen rückmelden. Bemühen Sie sich, es als ganzen Menschen wahrzunehmen. Viele Kinder bleiben in der Schülerrolle hängen, auch wenn sie zu Hause sind. Ihre schulischen Leistungen begleiten sie den ganzen Tag, egal wohin sie kommen. Jedem wird erzählt, was das Kind besonders gut oder eben nicht kann.

Schenken Sie sich und Ihrem Kind neutrale Freiräume, in denen Sie sich bemühen, nicht zu bewerten und zu vergleichen. Schenken Sie sich Zeiten, in denen Sie nur reflektieren, was Sie beobachten. (Ich sehe, dass du deinen Schulranzen für den nächsten Tag gepackt hast. Du hast viele Ideen, wie du deine freie Zeit verbringst. Du deckst den Tisch mit viel Sinn für das Schöne, usw.)

Noch ein Spiel zum Abschluss:

Tauschen Sie doch einmal für ein paar Stunden die Rollen! Seien Sie einmal das Kind und Ihr Kind darf Vater oder Mutter sein. Versuchen Sie dabei, so »original und originell« wie möglich zu sein. Es macht eine Menge Spaß, bietet viel Anlass zu herzlichem Lachen und verdeutlicht, welche Rolle jeder spielt. Und: Es erweitert die Rollenspielräume für jeden Einzelnen.

Die Bedeutung von Geschwisterbeziehungen

Für die Entwicklung und die Ausbildung der individuellen Persönlichkeit spielt es eine maßgebliche Rolle, in welcher Position ein Kind in die Familie hineingeboren wird. Es besteht ein Unterschied, ob man Erstgeborene(r) ist, ob man in der Mitte oder am Ende der Geschwisterreihe steht.

Ein Kind, das als erstes geboren wird, hat naturgemäß einen anderen Start ins Leben. Für die Eltern ist noch alles neu, sie erleben alles, was das Kind macht, zum ersten

Mal. Sie schenken jedem kleinen Entwicklungsschritt große Beachtung, sie sind von Stolz erfüllt. Zum einen erlebt sich das Kind als etwas Besonderes, das den Eltern eine vorher nicht gekannte Freude bereitet, einfach durch die Tatsache, dass es auf der Welt ist. Ein Lächeln ihres Kindes verzaubert sie, wie es sonst nur wenige Dinge im Leben tun können. Andererseits bringt jedes erste Mal, das sie mit dem Kind erleben, Unsicherheit mit sich. Es ist egal, ob es sich um das Schlafverhalten des Säuglings oder um das erste Schuljahr handelt. Die Eltern wissen noch nicht, was ihr persönlicher Weg und Erziehungsstil ist, sie probieren aus, sie beobachten sich und das Kind und lernen gemeinsam durch Versuch und Fehler. Bei weiteren Kindern sind die Eltern routinierter. Sie haben bereits viele Male in ihrem Leben gewickelt bzw. wissen, in welchen Fortschritten ein Kind lesen und rechnen lernt. Auch wenn jedes Kind anders ist und sich immer wieder neue Lernfelder und Herausforderungen ergeben, so hat sich für sie im Bereich der Erziehung doch eine bestimmte Selbstverständlichkeit eingestellt.

Ist das Kind ein Einzelkind, bleibt ihm die Rolle im Zentrum der elterlichen Aufmerksamkeit erhalten. Das hat Vor- und Nachteile. Es ist für ein Kind von unschätzbarem Wert, wenn die Eltern voll und ganz für es da sein können. Damit meine ich nicht, dass sie 24 Stunden am Tag mit ihm Zeit verbringen, sondern dass der familiäre Fokus stark auf das eine Kind ausgerichtet ist. Die Eltern können sich dem Kind exklusiv widmen und ihm viel Förderung und Aufmerksamkeit zukommen lassen. Das ist ein wunderbares Geschenk. Auf der anderen Seite hat das Kind wenig Spielräume, in denen es »unbeobachtet« ist. Die Eltern haben ihren Fokus immer auf das eine Kind gerichtet. Gibt es dagegen noch Geschwister, sind die Eltern auch mit ihnen beschäftigt. So entstehen für den Einzelnen Nischen, in denen er oder sie unbeobachtet in der eigenen Welt agieren kann. Zudem lernen Kinder mit Geschwistern bereits sehr früh, sich in einem sozialen Gefüge zu orientieren.

Wenn ein Geschwisterkind auf die Welt kommt, ist es für das ältere Kind wichtig, dass es seinen Platz in der Familie nicht bedroht sieht. Es will sich mit allen seinen Gefühlen angenommen und im Familienverband geborgen fühlen. Eltern können lernen, die Zeichen und Hinweise, die ihnen die Kinder geben, zu verstehen. Ein großer Bruder, der den Jüngeren ärgert, drückt damit seine Angst aus, nicht mehr genug Aufmerksamkeit zu bekommen. Dagegen kann beispielsweise ein schöner Ausflug allein mit einem Elternteil schon Wunder bewirken, denn das Kind braucht wieder das Gefühl, dass es ganz alleine wichtig ist.

Ein weiterer wichtiger Aspekt ist, dass die Kinder sich in ihrer Position, die sie aufgrund ihres Alters haben, gesehen fühlen. Häufig werden Geschwister, gerade wenn der Altersunterschied nicht so groß ist, gleich behandelt. Sie dürfen zur gleichen Zeit ins Bett gehen und gehen gemeinsam in die gleichen Kinofilme. Viele Streitereien unter ihnen sind Machtkämpfe, in denen sie ihre Position verteidigen. Wenn ihnen diese innerhalb der Familie jedoch klar zugestanden wird, werden solche Machtspiele unnötig. Der oder die Erstgeborene braucht eigene Privilegien, er oder sie muss spüren: Ich bin hier die oder der Älteste. Das ist mein Platz. Ebenso geht es den Zweit-

oder Spätergeborenen. Sie erleben zwar zum Teil den Vorzug, dass sie dieselben Dinge dürfen wie das ältere Geschwisterkind, obwohl sie noch jünger sind, haben auf der anderen Seite aber auch Pflichten, die nicht ihrem Alter entsprechen. Ihnen wird mehr Vernunft abverlangt, sie müssen ähnliche Aufgaben im Haushalt übernehmen usw.

An dieser Stelle sollen auch Geschwisterkinder ihren Platz finden, die früh, vielleicht auch schon im Mutterleib gestorben sind und nicht mit in der Familie leben. Auch sie brauchen Wertschätzung. Häufig sind für die Eltern der Schmerz und die Trauer über dieses tragische Erlebnis sehr groß und es fällt schwer, diese Seelen mit in das eigene Leben zu integrieren. Da scheint es auf den ersten Blick leicht zu sein, das Geschehene zu verdrängen. Für die Ordnung und die Harmonie in der Familie ist es aber besonders wichtig, dass alle ihren Platz finden.

Barbara Inneken schreibt in ihrem Buch *Weil ich euch beide liebe*, dass Kinder, die »Fehlverhalten« zeigen, sehr oft auf ein Familienmitglied aufmerksam machen wollen, das sich nicht gesehen fühlt. In der Familienaufstellung nach Bert Hellinger steht jedem Familienmitglied sein Platz zu und erst, wenn alle Mitglieder in Achtung und Liebe miteinander sein können, kann Frieden und Harmonie einkehren.

Wie ist die Einstellung der Erwachsenen zu Schule?

Wenn Sie sich an Ihre Schulzeit erinnern, was fällt Ihnen spontan ein? Sind es die Leute, mit denen Sie die Zeit dort verbracht haben? Sind es Lehrer, mit denen Sie besonders interessante Gespräche geführt haben oder die Sie durch ihre Persönlichkeit beeindruckt und vielleicht auch geprägt haben? Oder haben sie schlechte Erfahrungen mit Leistungsdruck, schlechten Noten, vielleicht einem Schulwechsel oder einer ungerechten Behandlung gemacht? Hatten Sie das Gefühl, Sie sind auf der Schule, die ihrem Leistungsvermögen und ihren Neigungen entsprach?

All diese sehr vielschichtigen Erfahrungen prägen Ihren ganz persönlichen Zugang zum Thema Schule. Wenn das eigene Kind nun eingeschult wird, kommen die selbst gemachten Erfahrungen wieder ins Bewusstsein. Allein den Geruch in den Gängen des Schulhauses wieder zu schnuppern oder bei einem Elternabend im Klassenzimmer zu sitzen und auf die Tafel zu blicken, weckt mit Sicherheit so manche Erinnerung. Gerade kürzlich sagte eine Mutter, die zum Elternabend ins Klassenzimmer kam, dass sie sich wohl ihr Leben lang immer hinten einen Platz suchen wird, weil sie das Gefühl hat, sich verstecken zu müssen. All das, was Sie mit Schule verbinden, wird sich mehr oder weniger intensiv in Ihrem Verhalten der Schule und den Lehrern gegenüber widerspiegeln.

Die Bedeutung des Vorbilds

»Tugenden lassen sich nicht lehren, nicht auferlegen, nicht beherrschen, nicht erzwingen und nicht abnötigen. Du kannst sie nur vorleben. Richte dein aufrechtes Bemühen nur auf dein eigenes Handeln und nicht auf das deiner Kinder.«[*]

Für Kinder ist es enorm wichtig, dass sie sich mit ihrer Schule, mit ihrer Lehrkraft identifizieren können. Gerade die Grundschule bietet viel Raum für sehr persönliche Kontakte und Bindungen. Es gibt wohl kaum jemanden, der sich nicht an seine Grundschullehrkraft erinnert, wenn auch nicht zwingend nur im Guten. Um sich mit der Schule identifizieren zu können, müssen die Kinder spüren, dass auch die Eltern dies tun. Es entsteht für die Kinder ein enormer innerer Zwiespalt, wenn sie sich selbst in der Schule wohlfühlen und die Lehrkraft mögen, die Eltern jedoch zu Hause auf die Schule im Allgemeinen und die Lehrerin im Besonderen schimpfen. Sie als Eltern haben eine sehr prägende Vorbildfunktion im Hinblick darauf, welchen Stellenwert Schule im Leben des Kindes bekommen wird. Wenn Ihnen als Eltern Hausaufgaben überflüssig erscheinen, wird es für das Kind schwierig, der Lehrerin zu glauben, die ihm erklären möchte, dass die häusliche Übung dringend notwendig ist.

Ein Kind, das sich in seiner Schule, in der Klasse, mit der Lehrerin wohlfühlt und jeden Tag gerne in die Schule

---

[*]   William Martin: *Das Tao te King für Eltern*, Bielefeld 2005

geht, hat grundsätzlich bessere Chancen auf Schulerfolg. Unser Gehirn arbeitet dann am besten, wenn wir entspannt sind. Ein Kind jedoch, das bei dem Gedanken an Schule Stress aufbaut, kann sich nicht entspannen und sich nur schwer auf Lerninhalte einlassen. Es ist viel zu sehr damit beschäftigt, sein soziales Umfeld zu strukturieren und sich einen Raum zu schaffen, der ihm erlaubt, es selbst zu sein. Rechnen, Lesen und Schreiben stehen damit erst ganz hinten in der Rangliste der fürs Leben wichtigen Dinge.

Sie als Eltern können einen entscheidenden Beitrag dazu leisten, dass das Kind sich in seinem schulischen Umfeld wohlfühlt. Allein dadurch, dass Sie sich für die schulischen Belange Ihres Kindes interessieren, bekommt es das Gefühl, dass Schule wichtig ist und dass Sie sie wertschätzen. Lassen Sie sich von Ihrem Kind zeigen, was es in der Schule gemacht hat, und das nicht nur, um es abzufragen oder die Hausaufgaben zu kontrollieren, sondern einfach, um am Leben Ihres Kindes teilzuhaben. Kinder sind unendlich stolz auf einen schön gestalteten Hefteintrag, ein auswendig gelerntes Gedicht, ein Lied oder ein gemaltes Bild.

Erzählen Sie Ihrem Kind von Ihrer Schulzeit. Was haben Sie besonders gerne gemacht? Für Kinder ist es unendlich spannend zu hören, was Sie in Ihrer Kindheit erlebt haben. Gerade Schüler, die selten gute Noten schreiben, brauchen Bestätigung und Achtung für ihr tägliches Tun in der Schule. Ein Kind, das immer gute Noten hat, bekommt diese Anerkennung automatisch in regelmäßigen Abständen, aber das ist für viele Kinder eben nicht der Fall. Schule besteht nicht nur aus Noten, es gehört so viel mehr dazu und das soll auch gesehen werden.

Es ist auch wichtig für das Kind, dass Sie an Elternabenden, Ausflügen und anderen außerschulischen Veranstaltungen teilnehmen. Zum einen sind die Informationen für alle Beteiligten wichtig und ein Kind fühlt sich integriert, wenn die Eltern sich in die Gemeinschaft einfügen. Außerdem macht es Spaß, die anderen Eltern kennenzulernen, die Lehrkraft einmal privater zu erleben und auch das eigene Kind in einem anderen Umfeld zu erleben. Diese Freude überträgt sich wechselseitig vom Kind auf die Eltern und umgekehrt. Begleiten Sie einmal die Lehrkraft auf einem Ausflug oder helfen Sie beim Weihnachtsbasteln mit. Ich hatte mal einen Schüler, der vor Beginn der Weihnachtsfeier jedem, ob er es hören wollte oder nicht, mehrfach mit leuchtenden Augen erzählte, dass seine Mutter das Weihnachtslied der Kinder, das den Eltern vorgesungen wurde, mit ihrem Instrument begleitet. Es handelte sich hierbei um einen Viertklässler, der ansonsten sehr »cool« war.

Natürlich gerät man als Elternteil mit seinem Engagement an Grenzen. So können Sie zum Beispiel nicht die Lehrkraft aussuchen oder Ihr Kind davor bewahren, auch negative Erfahrungen in der Schule zu machen. Es ist mit Sicherheit nicht einfach, wenn man selbst mit der Lehrperson uneins ist. Dennoch können Sie den Umgang mit einer solchen Situation beeinflussen. Sie können entweder ohne Unterlass auf die Lehrkraft schimpfen und das Kind dahingehend prägen, dass Schule »doof« ist. Oder Sie können dem Kind helfen, sich mit der Situation zu arrangieren. Ein offenes Gespräch mit der Lehrerin oder dem Lehrer, eventuell auch gemeinsam mit dem Kind, kann bereits sehr klärend sein. So lernt es durch

Ihr Vorbild offen, ehrlich und konstruktiv mit Konflikten umzugehen. Wenn die Zusammenarbeit mit einer Lehrkraft jedoch gar nicht funktioniert, kann es auch sein, dass ein Schulwechsel eine sinnvolle Lösung ist.

Auch Konflikte mit Mitschülern Ihres Kindes können einen großen Platz im Familienleben einnehmen. Es ist für Eltern nicht leicht, die Situation, aus der ein Konflikt zum Beispiel in der Pause entstand, richtig einzuschätzen. Natürlich glaubt man dem eigenen Kind, wenn es emotional aufgeregt von einem Streit, einer Ausgrenzung aus der Gruppe oder einer Ungerechtigkeit erzählt. Wichtig ist in erster Linie das aktive und wertfreie Zuhören. Schütten Sie nicht gleich Wasser auf die Mühlen, indem sie das Kind bestätigen mit Sätzen wie: »Aha, XY wieder!« Für das Kind ist es wichtig, gehört zu werden und einen geschützten Raum zu haben, in dem es sich abreagieren darf. Schenken Sie Ihrem Kind Aufmerksamkeit und helfen Sie ihm dann, nach dem Ausleben der Emotionen, den Fokus wieder auf das Positive zu lenken und das Kind, mit dem der Konflikt entstanden war, wieder als Ganzes wahrzunehmen. Erinnern Sie sich gemeinsam an schöne Momente mit dem entsprechenden Kind, der gemeinsame Schultag ist schließlich viel länger als die eine oder andere Streitsituation. Wenn es sich um wiederholende Konflikte handelt, ist ein Gespräch mit der Lehrkraft hilfreich.

Oft reagieren wir selbst sehr emotional, wenn das eigene Kind in eine schwierige Situation gerät, weil wir uns an ähnliche Gefühle erinnern und diese unserem Kind ersparen wollen. Damit rauben wir aber dem Kind eine wertvolle Chance, sich zu entwickeln und auch an unangenehmen Erfahrungen zu reifen. Ich weiß, wie weh es tut, das eigene Kind in einer schmerzlichen Erfahrung zu begleiten. Wichtig ist hierbei, dem Kind »Mit-Gefühl« entgegenzubringen und nicht »Mit-Leid«. Versuchen Sie in diesen Momenten, nicht selbst in die Rolle des verletzten Kindes von früher zu verfallen, sondern machen Sie sich Ihre Verantwortung als erwachsener Helfer bewusst. Wenn beide gemeinsam leiden, ist dem Kind nicht geholfen. Es braucht Aufmerksamkeit und Ihre Unterstützung. Es ist einfacher, in der Kraft zu bleiben und nicht selbst in die Emotionen abzurutschen, wenn Sie sich auf Ihre Atmung konzentrieren.

Gerade die Grundschule bietet einen idealen Rahmen, in dem Kinder soziale Kompetenzen erwerben können, denn sie bietet viel Raum für Gespräche und soziale »Übungsstunden«. In weiterführenden Schulen sind die Kinder häufiger auf sich selbst gestellt.

Eigene Erfahrungen mit Schule und Leistung

Was bedeutet für Sie Leistung? Fällt es Ihnen leicht, mit Prüfungssituationen umzugehen oder haben Sie jedes Mal schweißnasse Hände? Wie wichtig ist es Ihnen, dass Ihr Kind einen hohen Bildungsabschluss erreicht?

Bei all diesen Fragen ist die eigene Biografie von großer Bedeutung. Wenn ich selbst als Schüler eher schüchtern, vielleicht mittelmäßig begabt, aber mit geringem Selbstwert ausgestattet war und schulisch gesehen unter meinen Möglichkeiten geblieben bin, habe ich vielleicht den Wunsch, dass mein Kind nun das erreichen soll, was ich nicht geschafft habe. Oder ich übertrage den Mangel an Selbstbewusstsein auf mein Kind und gehe davon aus, dass es ihm wieder so gehen wird wie mir damals, denn »das liegt ja in der Familie!« Umgekehrt kann es sein, dass Schule für Sie immer ganz nebenbei und einfach lief und Leistung leicht erreichbar war. Und nun sollen die Kinder eine ähnliche Schullaufbahn hinlegen, »denn das war bei uns seit Generationen so!« Diese zitierten Sätze sind keine Übertreibung, sondern stammen aus meiner persönlichen Erfahrung in Elterngesprächen. Es ist mir immer wieder sehr deutlich geworden, wie stark familiäre Prägungen auf die Kinder wirken. Was macht denn nun ein Kind, dessen Familie seit Generationen erfolgreich das Gymnasium besucht hat und das aber selbst nicht unbedingt dazu veranlagt ist? Es ist sehr schwierig, gegen diese Erwartungshaltung, die eine Familie seit Generationen trägt, anzukommen. Sie lastet schwer auf den Schultern. Da ist es egal, ob man sich seit Jahrhunderten innerhalb der Familie als besonders schlau oder als eher minderbegabt empfindet. Wenn solche Familienstrukturen wirken, hat das Kind wenig Raum, um seine individuellen Begabungen wahrzunehmen und auszuleben. Es ist völlig verständlich, dass man seinem Kind das Beste mitgeben möchte, egal ob die Motivation heißt: Mein Kind soll es mal besser haben als ich! oder: Mein Kind darf auf keinen Fall unter unserem Niveau liegen!

Es ist immer wieder wichtig, sich selbst genau zu beobachten. Manche Eltern stehen ihren eigenen Eltern gegenüber so unter Druck, dass sie diesen unreflektiert an ihre Kinder weitergeben. Dabei gehört es als Elternteil zu meiner wichtigsten Aufgabe, in meinem Leben aufzuräumen und mir die Muster anzuschauen, die innerhalb der Familie wirken. Gefahr erkannt, Gefahr gebannt! In dem

Moment, in dem ich es sehe und verstehe, kann schon eine Veränderung eintreten.

Jeder Mensch muss seine eigenen Erfahrungen machen dürfen. Die Familie ist eine wertvolle Kraft, die Halt, Sicherheit und Struktur vermittelt, die aber nicht einengen sollte.

Zusammenarbeit von Schule und Eltern

Es ist eine wunderbare Entwicklung der letzten Jahre, dass viele Eltern sich sehr für das Thema Schule interessieren. Sie nehmen Anteil am Schulleben ihrer Kinder. Pädagogik und Erziehung sind Themen, die viele Eltern beschäftigen. Man erzieht sein Kind nicht mehr nur aus dem Bauchgefühl heraus (wobei das auch eine wichtige Komponente bleiben sollte), sondern informiert sich in Ratgebern, bei Beratungsstellen oder tauscht sich im Gespräch mit anderen Eltern aus.

Schule hat in den meisten Fällen einen wichtigen Stellenwert im Leben aller Beteiligten. Gerade Grundschullehrkräfte sind häufig mit viel Herz und Engagement ausgestattet. Die Kinder gehen motiviert und freudig in die Schule. Eltern wollen ihr Kind unterstützen, so gut es geht. Wenn alle Seiten nur das Beste wollen, sind viele Emotionen beteiligt. Das kann zu Konflikten führen, die die Zusammenarbeit erschweren. Das ist sehr schade, denn häufig basieren die Meinungsverschiedenheiten auf Missverständnissen, missachteten Gefühlen oder Grenzüberschreitungen. Aus diesem Grund lohnt es sich, sich einmal die Zusammenhänge genauer anzuschauen:

An erster Stelle ist es wichtig, Sachlichkeit zu wahren.

Häufig geht es ursprünglich um eine Sache, zum Beispiel eine Unklarheit bei der Punkteverteilung einer Klassenarbeit. Der direkte Weg ist in einem solchen Fall der beste. Suchen Sie das Gespräch mit der Lehrkraft oder ermutigen Sie Ihr Kind, die Sache selbst zu klären. Fragen Sie die Lehrerin oder den Lehrer vorher, wann ein guter Zeitpunkt für ein Gespräch sein könnte. Sicherlich ist das Problem innerhalb einer Minute aus der Welt geschafft. Manchmal geschieht es jedoch auch, dass Eltern sich erst einmal untereinander kurzschließen. Bei einem solchen Gespräch kann es dazu kommen, dass man sozusagen vom Hundertsten ins Tausendste kommt, die Emotionen sich also aufbauschen und man am Ende richtig wütend auf die Lehrkraft ist. Wer hat so etwas nicht schon einmal selbst erlebt? Man steigert sich förmlich in eine Sache hinein und ist am Ende sehr weit vom eigentlichen Thema entfernt.

Ein weiterer Punkt, der auftreten kann: Die Bindung der Kinder an die Lehrkraft kann gerade in den frühen Schuljahren sehr intensiv sein. Das ist für manche Eltern nicht leicht auszuhalten, Eifersucht wird zum Thema. Fragen Sie sich selbst, ob das auf Sie zutrifft. Vielleicht ist das ein Grund für wiederholte Unstimmigkeiten.

Manche Lehrkräfte greifen stark in den häuslichen Bereich ein und beurteilen die familiären Zusammenhänge. Das kann von Eltern als Grenzüberschreitung wahrgenommen werden und sie fühlen sich von der Lehrkraft bedrängt. Umgekehrt sieht sich so mancher Elternteil bemüßigt, selbst in das Unterrichtsgeschehen einzugreifen, denn den Grundschulstoff »beherrscht ja schließlich jeder«. Lehrkräfte fühlen sich dadurch übergangen und gemaßregelt. Sie sehen, wie ihre Grenzen überschritten und ihre Kompetenzen nicht wahrgenommen werden.

Wie kann nun eine effektive Zusammenarbeit von Schule und Elternhaus aussehen? Die wichtigsten Prinzipien, die zugrunde gelegt werden sollten, sind die der Achtsamkeit, Ehrlichkeit, Offenheit und Sachlichkeit. Jeder sollte sein Herz öffnen und spüren, dass sich alle, soweit es in ihrer Macht steht, für das Wohl des Kindes einsetzen. Jeder sollte die Grenzen und Kompetenzbereiche des anderen wahren und die Arbeit des anderen achten. Gemäß einem Sprichwort sollte man nie über jemanden anderen urteilen, bevor man nicht tausend Schritte in seinen Schuhen gemacht hat.

Hierzu eine kleine Empathieübung*

Malen Sie mit der linken Hand jeweils ein Bild von sich, eines von ihrem Kind und eines von der Lehrkraft. (Sie müssen nicht die Person malen, sondern können auch eine Form, eine Farbe usw. gestalten, einfach was Ihnen in den Sinn kommt. Sie können auch den Namen notieren.) Legen Sie diese nun auf den Boden und stellen sich nacheinander auf die verschiedenen Bilder. Was nehmen Sie wahr? Wie fühlen Sie sich? Was empfindet die Lehrkraft, wenn sie auf Ihr Kind bzw. auf Sie schaut? Wie ist es umgekehrt?

Diese Einfühlung in den anderen kann sehr klärend sein und viel Verständnis für das jeweilige Gegenüber anregen.

---

* Nach Barbara Innecken: *Weil ich euch beide liebe*, München 2007

Im Bereich Schule gibt es immer viel zu tun und ohne das Engagement vieler Eltern wäre Schulleben nicht möglich. Wenn alle Beteiligten an einem Strang ziehen und Schule somit zu einem Erlebnis werden lassen, dann helfen wir damit den Kindern am meisten.

Wie lernt das Kind? – Die verschiedenen Lerntypen

Wahrscheinlich gibt es so viele verschiedene Formen des Lernens, wie es Menschen gibt. Um wirklich effektiv lernen zu können, ist es erforderlich, seinen eigenen Lerntypus so gut wie möglich zu verstehen. Der eine muss das zu Lernende hören, während der andere genau dann, wenn er einen Inhalt nur über das Gehör aufnimmt, das meiste davon wieder vergisst.

Die Dominanz einer Gehirnhälfte kann ein weiterer Faktor sein, der das Lernen des Kindes deutlich prägt und der lernhemmend wirken kann. Genauere Ausführungen hierzu finden Sie in dem Kapitel zur Kinesiologie (Seite 172 ff.).

Aus diesen und vielen anderen Gründen ist es wichtig, dass Sie Ihr Kind unterstützen, seinen favorisierten Lernstil herauszufinden und gemeinsam mit ihm Möglichkeiten herauszuarbeiten, wie das Lernen möglichst effektiv vonstatten gehen kann.

Eine Schulklasse, in der bis zu 30 Kindern sitzen, besteht logischerweise aus ebenso vielen unterschiedlichen Lern-

typen. Im Normalfall versuchen die Lehrkräfte sicherlich, darauf zu achten, dass die unterschiedlichen Sinne
angesprochen werden, doch immer lässt sich das nicht
umsetzen. Deshalb ist es besonders wichtig, dass auch Sie
als Eltern über das Lernverhalten Ihres Kindes Bescheid
wissen, um so gemeinsam mit ihm Lerntipps zusammen-
zustellen, die ihm helfen, einen Lernstoff effektiv zu verarbeiten. Wenn das Kind sein Lernverhalten selbst kennt,
kann es sich in der Schule und zu Hause selbst helfen.

Dazu ein Beispiel: Ihr Kind lernt hauptsächlich über
Bewegung. Nun kann es natürlich nicht im Unterricht
aufstehen und herumgehen, um dem Lehrer besser folgen
zu können, wie es das zu Hause vielleicht tut. Es könnte
in der Schule aber sicherlich problemlos, wenn man dies
im Vorfeld mit der Lehrkraft bespricht, ein Sandsäckchen
in die Hand nehmen und dieses durchkneten. Wichtig ist
hierbei, dass das Kind versteht, dass diese Maßnahme
eine Unterstützung ist. Wenn es beginnt, das Sandsäckchen anderweitig einzusetzen und damit sich und andere
ablenkt, kann es diese Chance für sich nicht mehr nutzen. Klare Regeln sind sehr wichtig.

Eine andere Möglichkeit wäre es, dass das Kind,
während der Lehrer etwas erzählt, nebenbei malt oder
sich Notizen macht. Diese Dinge wurden früher oft ver-
pönt und als Ablenkung gesehen, aber sie zeigen auf,
was der jeweilige Mensch braucht, um effektiv zu lernen.
Nicht umsonst malt der eine während des Telefonierens
ganze Blöcke voll, während der andere nie auf diese Idee
käme.

Grundsätzlich gilt, dass der Lernstoff sich immer
über möglichst viele Sinne einprägen sollte. Wenn Sie zu-

dem darauf achten, dass Ihr Kind den am meisten aus-
geprägten Sinn immer mit dazu nimmt, ist schon viel gewonnen.

Um herauszufinden, welchem Lerntyp ihr Kind entspricht, d.h. über welchen Kanal es die Informationen
am besten aufnimmt, hier nun eine kurze Übersicht über
die verschiedenen Lerntypen. Wenn Sie sich bei den aufgeführten Fragen unsicher sind, beziehen Sie Ihr Kind
mit ein. Bei manchen Kindern ist ein bestimmter Lerntyp
deutlicher festzustellen als bei anderen. Es geht hier lediglich darum, Tendenzen festzustellen, denn schlussend-
lich sind wir alle Lern-Mischtypen.

Der auditive Lerntyp

Lernt am besten über das Hören:
× Kann Ihr Kind gut zuhören und Informationen genau
  wiedergeben?
× Wenn Ihr Kind ein neues Hörspiel oder Hörbuch anhört,
  kann es dieses danach schon fast mitsprechen, bzw.
  Ihnen den Inhalt genau nacherzählen?
× Spricht Ihr Kind laut mit, wenn es etwas liest oder aus-
  wendig lernt?
× Wird Ihr Kind durch Nebengeräusche leicht abgelenkt?

Dieser Lerntyp kann problemlos alles wiedergeben, was
er gehört hat. Solche Informationen werden leicht verar-
beitet und umgesetzt. Es ist sinnvoll für das Kind, sich ei-

nen Lernstoff zum Beispiel auf Kassette oder am Computer aufzunehmen und anzuhören. Oder es spricht sich die zu lernenden Inhalte laut vor. Gespräche mit Ihnen oder mit Mitschülern wirken sehr unterstützend. Eine ruhige Lernumgebung ist eine Grundvoraussetzung für Kinder dieses Lerntyps. Da ihr Gehör am wachsten von allen Sinnen arbeitet, reagiert es sofort auf Nebengeräusche und kann sich nicht mehr auf den Lerninhalt konzentrieren.

Der visuelle Lerntyp

Bei ihm steht das Sehen im Vordergrund:

✗ Reagiert Ihr Kind stark auf Bilder und Illustrationen?

✗ Malt es sich gerne selbst etwas auf, wenn Sie etwas erzählen oder wenn es sich selbst etwas veranschaulichen möchte?

✗ Kann Ihr Kind Ihnen genau wiedergeben, wo auf welcher Buch- oder Heftseite ein bestimmter Inhalt steht?

✗ Liebt Ihr Kind Poster und bildliche Darstellungen und steht lange davor, um sie sich genau einzuprägen?

✗ Schaut Ihr Kind oft nach oben, wenn es sich an etwas zu erinnern versucht? Sucht es nach inneren Bildern, um Inhalte wiederzugeben?

✗ Hilft es Ihrem Kind, wenn es sich bei einem Vortrag schriftliche Notizen macht, um sich so ein visuelles Bild zu schaffen?

✗ Kann es Inhalte, die es in Büchern oder im Fernsehen gesehen hat, besonders gut behalten?

Für diesen Lerntyp ist es wichtig, dass er Informationen selbst liest oder Handlungsverläufe genau beobachtet. Veranschaulichende Bilder und Grafiken sind eine wichtige Unterstützung im Lernprozess. Eine ästhetisch schöne Umgebung tut diesem Lerntyp gut. Tafelbilder in der Schule, übersichtliche Hefteinträge, farbige Markierungen und geistige Bilder sind Maßnahmen, die dem visuellen Lerntyp entgegenkommen.

Der motorische Lerntyp

Für ihn geht ohne Bewegung gar nichts:

- ✗ Ist es für Ihr Kind wichtig, dass es beim Lernen viel in Bewegung ist?
- ✗ Spielt Ihr Kind beim Lernen gerne mit Gegenständen und Stiften herum?
- ✗ Steht es immer wieder unvermittelt auf, um sich etwas »Unwichtiges« zu holen?
- ✗ Kaut Ihr Kind gerne auf etwas herum oder isst und trinkt es gerne, während es lernt?
- ✗ Malt oder kritzelt es gerne, während es denkt oder zuhört?
- ✗ Hat Ihr Kind eine ausgeprägte Mimik und Gestik?
- ✗ Hilft es dem Kind, wenn es sich Lerninhalte aufschreibt?
- ✗ Handelt Ihr Kind gerne mit Materialien, die den Lernprozess begleiten oder baut es gerne Modelle?

Der motorische Lerntyp lernt am besten, indem er selbst ins Handeln kommt. Diese Kinder müssen an Lernprozessen unmittelbar beteiligt sein, indem sie selbsttätig eigene Erfahrungen machen können. Rollenspiele und Aktivitäten mit einem Partner oder einer Gruppe sind für den motorischen Lerntyp eine große Hilfe. So kann Ihr Kind zum Beispiel das Einmaleins gut verankern, wenn es die kinesiologischen Überkreuzbewegungen macht und bei jeder Bewegung eine Aufgabe laut ausspricht. Erlauben Sie Ihrem Kind auch, sich beim Lernen zu bewegen, herumzugehen oder etwas zu kauen.

Lernblockaden

Verschiedenste Faktoren können dazu führen, dass wir trotz aller Bemühungen und unterstützender Maßnahmen nicht lernen können. Die wohl auch schon bei Kindern am häufigsten auftretende Lernblockade ist Stress.

Stress kann unterschiedlich entstehen, meistens durch eine Form von Druck. In der Schule spielt Leistungsdruck eine zentrale Rolle, wie ich es bereits mehrfach beschrieben habe. Egal ob das Kind sich selbst dem Druck aussetzt oder ob es den Druck von außen erhält – es kann sein Potenzial nicht mehr verwirklichen. Stress dieser Art verhindert das Denken. So scheitern intelligente Kinder an einfachsten Aufgabenstellungen, weil sie sie ganz besonders gut machen wollen.

Ein weiterer Stressfaktor ist Zeitdruck. Hierzu ein eignes Beispiel: Gerade wollte ich damit beginnen, dieses

Kapitel zu schreiben. Der kurze Blick auf die Uhr verriet mir, dass ich eine halbe Stunde hatte, bevor ich zum Arbeiten in die Schule musste. Diese Information setzte mich dermaßen unter Druck, dass ich erst einmal gar nichts mehr machen konnte und wollte. Als mir jedoch bewusst wurde, was gerade passiert war, konnte ich den Stress in Arbeitswut umwandeln und mir die entstandene Energie zunutze machen, um besonders effektiv zu sein. Wichtig ist es, sich besonders in solchen Situationen realistische Ziele zu setzen. Der Anspruch, ein ganzes Kapitel schreiben zu wollen, wäre nicht realistisch gewesen. Das bedeutet im Umkehrschluss jedoch nicht, dass es besser ist, rein gar nichts zu tun.

Dieses Beispiel zeigt, wie ambivalent Stress wirken kann. Wenn es uns gelingt, seine Qualitäten positiv zu unseren Gunsten zu nutzen, anstatt uns von ihm blockieren zu lassen, ist er ein sehr guter Motor, der uns viel in kurzer Zeit schaffen lässt.

Das erste Mittel, um Ihrem Kind beizubringen, seinen Stress positiv zu nutzen, ist ganz einfach: den Druck so weit wie möglich herausnehmen. Vermeiden Sie es, Ihrem Kind zu kleine Zeitfenster zu geben. Jeder kennt die Panik, die innerlich ausbricht, wenn während einer Prüfung alle fünf Minuten angekündigt wird, wie viel Zeit noch verbleibt. Einen Großteil dieser Zeit ist man dann damit beschäftigt, Panik davor zu haben, es nicht mehr zu schaffen.

Wenn Ihr Kind sehr leicht dazu neigt, unter Druck zu geraten, ist es sicher ratsam, den Ursachen auf den Grund zu gehen. Dahinter können tief sitzende Selbstwertblockaden liegen. Manches Mal hat das Kind Erinnerungen an Versagenssituationen, die es immer wieder an den gleichen Punkten blockieren. Hier lohnt es sich, sich Unterstützung zu nehmen. Ein erfahrener Homöopath oder Heilpraktiker kann dem Kind helfen, bestimmte Muster, die es daran hindern, seine Kraft optimal einzusetzen, zu durchbrechen. Auch Kinesiologen sind eine gute Adresse, da sie über bestimmte Muskeltests herausfinden können, woher der aufgebaute Stress kommt, und dabei helfen, diesen herunterzufahren.

Manchmal scheint der Auslöser für uns Erwachsene klein zu sein, das Kind hat er aber tief gehend geprägt. Es ist ein spannender Weg, sich auf die Suche nach den Ursachen zu begeben.

DAS BIN ICH!
ALLES RUND UM DEN
SELBSTWERT

Jedes Kind kommt mit seiner persönlichen Geschichte und einem »Grundstock an Selbstwert« auf die Welt. Schon als Baby und Kleinkind zeigt sich seine Persönlichkeit. Manche Kinder stehen von Anfang an sehr selbstverständlich und sicher in der Welt und haben klare Vorstellungen, welchen Weg sie für sich gehen wollen. Andere Kinder sind von Natur aus vorsichtiger, unsicherer, beobachten erst einmal genau, bevor sie sich an neue Situationen herantrauen.

Ausgehend von dieser Basis machen sie nun unterschiedlichste Erfahrungen, die ihren Selbstwert weiter prägen. Manche Erlebnisse lassen sie innerlich wachsen und stolz sein. Man sieht förmlich in ihren Augen und an ihrer Haltung, wie sich etwas in ihnen aufrichtet und sie neu erstrahlen lässt. Andere Situationen sind beängstigend, demütigend oder zeigen dem Kind, dass es etwas nicht kann, zumindest nicht so, wie es von außen von ihm erwartet wird. Je nach Grundtyp sieht das Kind eine solche Erfahrung als Chance und als Herausforderung oder es zieht sich in sich zurück und hat das Gefühl, dass es nichts schaffen kann. Den Umgang mit negativen Erfahrungen können wir als Erwachsene durch unser Vorbild prägen.

Unsere Gesellschaft ist leider sehr stark auf das Suchen und Finden von Fehlern und Schwächen ausgerichtet. Der Blick ist auf das Manko, das Problem, die Unzulänglichkeit gerichtet. Die positiven Eigenschaften werden häufig als selbstverständlich angesehen.

Doch das können wir ändern! Genau jetzt, in diesem Augenblick können Sie für sich beschließen, dass Sie Ihren Fokus auf das Positive im Leben richten. Fangen Sie bei sich selbst an und loben Sie sich für alles, was Sie können. Gehen Sie dann zu Ihrer Familie über, Ihren Nachbarn, Freunden, allen Menschen, denen Sie in Ihrem Leben begegnen. Da gibt es bestimmt so manche »harte Nuss«, die es zu knacken gilt, denn es gibt Menschen, zu denen wir nur schwer Zugang finden und die uns schon nervös machen, wenn sie nur auf der Bildfläche erscheinen. Sehen Sie gerade diese Leute als größte Chance, Ihre neue positive Lebenseinstellung zu manifestieren.

Diese Arbeit, die Sie an diesem Punkt in Ihrem Leben leisten, kommt Ihren Kindern direkt zugute. Sie lernen bald automatisch, durch diese Brille auf die Welt, Ihre Mitmenschen und Ihre Erfahrungen zu blicken. Ein Mensch, der grundsätzlich positiv eingestimmt durchs Leben geht, kann seinen Selbstwert sehr viel einfacher nähren, als jemand, der immer irgendwo eine Bedrohung oder eine unüberwindbare Schwierigkeit wittert.

Vertrauen in die eigenen Fähigkeiten

Im Kapitel »Gedanken rund um die Erziehung« (siehe S. 13 ff.) ging es bereits um das Vertrauen, das Eltern in die Fähigkeiten ihres Kindes haben sollten, um es in Liebe und Respekt auf seinem Weg begleiten zu können. Nun möchte ich das Vertrauen beleuchten, das das Kind in seine eigenen Fähigkeiten entwickeln soll. Oder besser gesagt, wie es sich dieses Vertrauen erhalten und weiter nähren kann.

Vertrauen hat mit Liebe, mit Geborgensein zu tun. Ein Mensch, der Liebe in sich spürt, der ein Urvertrauen in die Kraft des Lebens hat, kann sich selbst einschätzen und sein Potenzial entfalten. Im Normalfall kommen die Kinder mit diesem Urvertrauen zur Welt. Sie spüren im Mutterleib die absolute Geborgenheit und vertrauen sich nun, wenn sie auf der Welt sind, aus tiefstem Herzen Mutter und Vater an. Sie haben keine andere Wahl. Zunächst einmal sind sie hilflos und geben sich hingebungsvoll in die Arme ihrer Familie. Dieses Vertrauen kann durch verschiedenste Faktoren, wie zum Beispiel durch schlechte Erfahrungen in Kindergarten und Schule, durch Konkurrenz innerhalb der Geschwisterreihe oder durch hohe Leistungsansprüche von innen oder außen, früher oder später mehr oder weniger stark gestört werden.

In diesem Kapitel soll es nun darum gehen, wie dieses Urvertrauen und damit ein Selbstverständnis sich selbst und der Welt gegenüber weitestgehend erhalten und gefördert werden kann.

Der Selbstwert ist ein eigentümlicher Teil unseres Selbst. Es ist schwierig, ihn zu fassen, ihn zu beschreiben. Was macht einen Menschen aus, der sich selbst wertschätzt, der Vertrauen in die eigenen Fähigkeiten hat? Ich möchte diese Frage an Sie weitergeben, denn vermutlich kann nur jeder für sich eine Antwort finden. Schenken Sie sich einmal Zeit, um sich aufzuschreiben, was Ihnen zu diesem Thema einfällt. Woran erkenne ich einen gesunden Selbstwert? Welche Eigenschaften und Fähigkeiten machen ihn aus? Es ist ein sehr großes und spannendes Thema, das sicherlich viel in Bewegung bringen wird.

Ich habe eine Einteilung in einen äußeren und einen inneren Selbstwert vorgenommen. Sowohl bei mir als auch bei Menschen in meinem Umfeld konnte ich immer wieder feststellen, dass äußere Erfolge scheinbar wenig Einfluss auf den inneren Selbstwert haben. Da gibt es Menschen, die beruflich sehr erfolgreich sind, gut aussehen, eine liebe Familie haben, also nach außen hin ein erfülltes Leben führen. Dennoch werden sie von Selbstzweifeln geplagt, stellen Vieles infrage, haben Sorgen und leiden unter dem Gefühl, es nie gut genug zu machen. Das hat viel mit dem eigenen Anspruch zu tun. Dieser scheint zeitgleich mit dem Erreichen eines Ziels wieder um eine Stufe anzusteigen, um sofort neue Unzufriedenheit zu provozieren. Äußere Erfolge tun gut, sie nähren uns, doch nur dann, wenn ein innerer Punkt berührt wird. Ich stelle mir das bildlich gesprochen so vor: Der Selbstwert muss zahlreiche Synapsen ausbilden, damit Lob und Anerkennung, die von außen kommen, andocken können. Wenn diese Verbindung zum inneren Selbstwert nicht aufgebaut werden kann, sind Erfolge eine Erfahrung, die uns nicht innerlich nährt. Die Nahrung, nämlich Liebe und Wertschätzung, die der innere Punkt braucht, kann jeder Mensch nur sich selbst geben. Viele Beziehungen kranken daran, dass eigene unerfüllte Bedürfnisse vom Partner oder auch von Kindern zufriedengestellt werden sollen. Das kann nicht funktionieren. Wir stehen einzig und allein selbst in der Verantwortung. Dasselbe gilt für unsere Kinder. Unsere wichtigste Aufgabe ist, sie für das zu lieben, was sie sind.

Echtes Lob und persönlicher Erfolg als Motor

Unter Lob versteht man soziale Anerkennung für eine erbrachte Leistung. Es dient primär dazu, das Kind zu motivieren, an einer Sache dranzubleiben, seine Leistung zu stabilisieren oder auszubauen. Über den Einsatz von Lob kann man sehr unterschiedlicher Meinung sein.

Ich hospitierte eine Zeitlang in verschiedenen Schulklassen in Neuseeland. Am eindrücklichsten fand ich dort die positive Einstellung, die die Lehrkräfte gegenüber den Leistungen der Kinder hatten. Ich selbst hatte mich bis zu diesem Zeitpunkt als Lehrerin auf der motivierenden Seite eingestuft, musste hier aber feststellen, dass ich im Vergleich zu den dortigen Lehrern sehr kritisch und streng bin. Ich kam häufig zu dem Schluss, dass manche Kinder noch mehr leisten könnten. Die Lehrer dort jedoch lobten genau diese Kinder außerordentlich. Diese Erfahrung bot mir Anlass zu intensivem Nachdenken über dieses Thema. Insgesamt fand ich es sehr positiv, dass die Kinder immer gelobt wurden, auch wenn sie noch nicht das »erklärte Ziel« erreicht hatten. Ihre individuelle Leistung wurde gewürdigt. Mir gefiel die positive Grundstimmung, die im Klassenzimmer herrschte. Die Kinder waren hochmotiviert und lernten mit Freude. Zusätzlich waren sie sehr darauf bedacht, von einer erwachsenen Person gelobt zu werden. Daraus ergaben sich für mich zwei wichtige Punkte bezüglich des Lobes.

Zum einen muss es sich um ein sogenanntes »echtes« Lob handeln. Das bedeutet, dass ich das, was ich sage, auch so meine. Ein Kind spürt, wenn ich ihm sage, dass es einen wunderschönen Buchstaben geschrieben hat, ich ihn aber in Wirklichkeit nicht als gelungen einstufe. Ich kann ihm aber sagen, dass ich finde, dass es sich sehr bemüht hat, oder dass ihm dieser Buchstabe deutlich besser gelungen ist als der davor usw. Ich bin auch der Meinung, dass es unterstützend wirkt, wenn ich dem Kind sage, dass ich glaube, dass es das noch besser kann. Aber auch hier gilt, dass ich das nur sagen kann, wenn ich wirklich daran glaube. Wenn ich spüre, dass das Kind gerade schon alles gegeben hat, wirkt ein solcher Satz eher demotivierend, weil das Kind selbst sehr genau merkt, dass es im Moment nicht mehr leisten kann. Es bedarf eines feinen Gespürs und viel Einfühlungsvermögen, um dem Kind mit dem richtigen Lob zu begegnen.

Außerdem sollte Lob wohldosiert sein. Das Kind darf nicht abhängig werden von der Meinung Erwachsener. Es ist sinnvoll, besondere Leistungen lobend hervorzuheben, aber es muss nicht alles gelobt werden. Es gibt Leistungen im täglichen Leben des Kindes, die selbstverständlich sind. Hinzu kommt, dass das Lob, das von außen kommt, immer nur einen geringen Effekt hat im Vergleich zu einem innerlich erlebten Erfolgserlebnis. Deshalb ist die realistische Selbsteinschätzung ein wichtiger Grundstein, wenn man ein Kind langfristig motivieren möchte. Durch gezielte Fragen, wie das Kind seine Arbeit selbst empfindet oder welcher Buchstabe, Eintrag o.ä. ihm am besten gefällt, helfen wir dem Kind, seinen Blick wohlwollend und gleichzeitig kritisch auf die eigene Arbeit zu richten.

Es ist wichtig, Kinder eine Weile zu beobachten, um abschätzen zu können, ob sie ihr Arbeitspensum realistisch einschätzen können. Manche Kinder sind zu schnell zufrieden und andere gelangen nie an den Punkt der Zufriedenheit. Hier bietet eingehende Reflexion dem Kind die Möglichkeit, langfristig ein gutes Arbeitsverhalten auszubilden, sich selbst realistisch einzuschätzen und sich durch das eigene Tun immer wieder neu zu motivieren.

Diese Form von Autonomie gibt dem Kind eine solide Basis mit auf den Weg, auf der es seine Stärken genießen und ausbauen und seine Schwächen annehmen und diese als Chance zum Lernen begreifen kann.

Der Fehler als Lernchance

»Fehler werden gemacht, damit danach eine Erfahrung stattfindet und aus dieser wiederum das Erkennen stattfindet und dadurch eine Veränderung vorgenommen wird.«
Konfuzius

Es gibt unterschiedliche Sichtweisen, wie man einen Fehler betrachten kann. Für manche ist ein Fehler etwas Schlechtes, man sollte ihn vermeiden, wenn es irgendwie möglich ist. Wenn es das nicht ist, sollte man ihn möglichst schnell wieder ausmerzen, damit ihn niemand bemerkt und man selbst keinen Misserfolg verspürt.

Für andere wiederum ist ein Fehler eine Entwicklungschance. Er ist ein natürlicher Teil des Lebens, er gehört dazu, damit Lernen stattfinden kann. In unserem Sprachgebrauch hat das Wort »Fehler« eine negative Konnotation. Bei einem Fehler fehlt etwas, da besteht ein Mangel. Ein Mangel an sich ist im eigentlichen Sinne nichts Schlechtes. Er zeigt einen Raum auf, der gefüllt werden will. Da ist Platz für Neues. Nur da, wo Leere entsteht, können neue Ideen ihren Platz finden, da finden kreative Denkprozesse statt.

Es ist für uns Erwachsene nicht leicht, diesen Denkansatz in die Praxis umzusetzen, da viele von uns mit einer anderen Sichtweise des Fehlers aufgewachsen sind. Ein Fehler war ein Makel, der dick und rot auf dem Papier markiert wurde. An das Gefühl, so ein rotbeschmiertes Blatt vor sich liegen zu haben, können sich bestimmt viele noch erinnern. Ich persönlich kann mich in meiner gesamten Ausbildungszeit nicht daran erinnern, dass mich irgendjemand einmal darauf hingewiesen hätte, dass ein Fehler etwas Positives ist, dass ich die Chance nutzen und etwas daraus lernen soll. In mir blieb immer das Gefühl des Mangels. Die entstandene Leere wurde nicht neu gefüllt. Der Lernprozess blieb in dem Fehlergefühl stecken und konnte nicht in die konstruktive Phase des Umsetzens, der neuen Ideen und des tiefen Verständnisses übergehen. Was übrig blieb, war ein betrübter Selbstwert und die Angst, wieder einen Fehler zu begehen.

In der heutigen Zeit ist es immer mehr von Bedeutung, eigene kreative Lösungsversuche ausarbeiten zu können. Das reine Reproduzieren von Wissen ist nur ein geringer Teil dessen, was die Kinder langfristig brauchen. Die schnellen Innovationsprozesse erfordern Anpassungsfähigkeit und die Gabe, sich spontan auf Neues einzustellen. Um das gewährleisten zu können, bedarf es einer gesunden Persönlichkeit, die sich Fehler zugestehen kann, weil sie weiß, dass diese nicht sie als Gesamtperson betreffen. Auch die häufig geforderte Teamfähigkeit kann sich nur ausbilden, wenn alle Mitglieder des Teams in der Lage sind, konstruktiv mit Fehlern umzugehen. Nur wer seine eigenen Fehler als Chance begreifen kann, kann diesen Prozess auch seinem Gegenüber zugestehen. Allzu oft wird der Fehler des anderen als Podium zur eigenen Profilierung genutzt.

Unsere Kinder haben die Chance, an diesem Punkt einen anderen Start ins Leben und damit auch ins Schul- und spätere Berufsleben zu haben. Aber wie können wir den Kindern die Basis liefern, auf der sie diese Stabilität der eigenen Persönlichkeit und gleichzeitige Flexibilität im Umgang mit Fehlern bei sich und anderen ausbilden können?

Egal, ob es sich um Fehler in einer Hausaufgabe oder einem Test handelt, schauen Sie sich mit Ihrem Kind gemeinsam an, was es falsch gemacht hat und wie es das Kind verbessern kann. Vielleicht treten ähnliche Fehler immer wieder auf, woraus sich ergibt, dass das Kind, wenn es genau diesen Schritt lernt, vieles richtig machen kann. Vielleicht hilft es, sich schwierige Rechtschreibwörter bunt auf Kärtchen zu schreiben und in der Wohnung aufzuhängen. Oder das Kind schreibt die Wörter im Hof mit Kreiden auf den Boden und hüpft die einzelnen Buchstaben ab. Wenn an einem Tag nichts funktionieren will, kann auch eine Decke im Garten ausgebreitet werden, um dort zu üben. Fragen Sie Ihr Kind, was ihm helfen könnte, worauf es Lust hat. Die Lustbetonung spielt eine große Rolle. Lernen muss Freude machen und da sind der Fantasie keine Grenzen gesetzt.

Kinder brauchen unser Zutrauen, dass sie selbst gewählte Aufgaben schaffen können. Sie brauchen uns als Fangnetz, wenn sie einen Fehler machen. Der Satz: »Siehst du, ich habe es dir doch gleich gesagt!« ist absolut selbstwertfeindlich. Sollten wir selbst unentspannt sein und genervt reagieren, wenn ein Kind einen Fehler zum wiederholten Male macht, ist es wichtig, die eigenen Reaktionen zu erklären, damit das Kind weiß, dass es nicht schuld daran ist. Zeigen Sie Ihrem Kind Ihre Gefühle, nur so bekommt es ein Gespür dafür, wie andere empfinden und wie Sie mit Ihren Fehlern umgehen. Auch wir Eltern befinden uns lebenslänglich in dem Prozess des Lernens durch Fehler und das sollen Kinder wissen.

Kreative Gestaltungsprozesse zur Selbstwertsteigerung

Die Kunst ist eines der besten Betätigungsfelder, um positive Erlebnisse zu schaffen. Malen, zeichnen, singen, musizieren, Theater spielen, schreiben, usw., all das kann jeder. Leider erfahren viele Kinder sehr früh, dass jemand der Meinung ist, dass sie es nicht können. Vermutlich kann jeder Leser nicht nur einen Satz aus der eignen Laufbahn wörtlich zitieren, in dem er oder sie bezüglich der eignen Kreativität missverstanden und niedergemacht wurde. Das sind Sätze wie »Du singst falsch!«, »Ein Elefant ist nicht grün!«, »Du bewegst dich sehr ungelenk beim Tanzen, du hast ja gar kein Rhythmusgefühl!« usw. Das sind genau die Sätze, die uns daran hindern, unsere Kreativität und damit unser Selbst weiterhin auszuleben.

An dieser Stelle gleich einmal eine kleine Übung, um den inneren Kritikern auf die Schliche zu kommen

Setzen Sie sich entspannt hin, atmen Sie tief in den Bauch und gehen Sie mit Ihrer Aufmerksamkeit zu all den Sätzen, Bildern, Menschen, die Ihnen bezüglich Ihrer Kreativität nicht gutgetan haben. Das können Ihre Eltern, Ihre Lehrer, Freunde, Verwandte, vielleicht sogar Sie selbst sein.

Wie oft wiederholt man mantraartig seine »Das kann ich nicht«-Sätze! Kein Wunder, dass man irgendwann wirklich nichts mehr auf die Reihe bringt, schließlich reagiert unser Unterbewusstsein auf unsere Vorgaben.

Schreiben Sie sich alle auftauchenden Menschen und die dazugehörigen Sätze auf ein Blatt Papier. Das alles sind Ihre Hinderer, die Sie beeinträchtigen, ihre Schöpferkraft auszuleben. Das ist pure Lebensenergie, die da im Verborgenen liegt. Viele Depressionen und Aggressionen sind unterdrückte kreative Energien!

In einem ersten Schritt sollten Sie Ihren Hinderern danken, denn sie hatten eine bestimmte Zeit lang einen Auftrag in Ihrem Leben. Diese ist *jetzt* vorbei, denn nun nehmen Sie das Zepter selbst in die Hand und lassen sich nicht mehr passiv regieren.

Nun können Sie all Ihre negativen Aufzeichnungen ins Positive übertragen. Formulieren Sie Ihre Sätze neu. Das ist schon der erste schöpferische Prozess! Und dann ab ins Feuer mit den alten Mustern! Verbrennen Sie Ihre Sätze und Bilder schön feierlich in dem Bewusstsein, dass Sie sie nicht mehr brauchen.

Nun kann die Energie wieder frei fließen und die Ideen werden aus Ihnen herausprudeln. Geben Sie ihnen Raum und lassen Sie es nicht zu, dass die inneren Stimmen Sie immer wieder daran erinnern möchten, dass Sie etwas nicht können.

Als Kinder sind wir hoch motiviert ans Werk gegangen und haben sukzessive erfahren, dass wir da auf dem Holzweg sind und es dann aufgegeben, unserer kreativen Kraft Ausdruck zu verleihen.

Die Menschen, die auf einem Gebiet besonders begabt sind und die dafür von jeher viel Beachtung und Anerkennung bekommen haben, sind gesegnet, denn sie haben sich ein Mittel der Selbstentfaltung erhalten können, das ihnen hilft, sich selbst wertzuschätzen. Natürlich ist das Leben eines Künstlers nicht nur von unzähligen Glücksmomenten geprägt, denn hinter jeder hohen Kunst steckt knochenharte Arbeit, Disziplin und tiefe Auseinandersetzung mit sich selbst. Die Kunst ist ein Weg des Selbstausdrucks und das verhilft der Persönlichkeit dazu, sich auszubilden, sich selbst kennenzulernen und einen inneren Motor zu haben, sich für die eignen Ideale einzusetzen.

Diese Kraft trägt jeder Mensch in sich. Bei vielen ist jedoch der Zugang abgeschnitten und das Vertrauen darein ist gänzlich verloren gegangen.

Ausgehend von den eigenen Erfahrungen entsteht bei den meisten Eltern der Wunsch, ihren Kindern einen anderen Zugang zu ihrer Kreativität zu ermöglichen. Das ist gar nicht immer so einfach. Die Vorsätze sind gut, doch wenn das Kind das erste Mal den Mund auf die Stirn seines Schneemanns malt, werden wir nervös. Bei Kleinkindern lässt sich das gerade noch aushalten, aber spätestens, wenn die lieben Kleinen in die Schule gehen, sollten sie in der Lage sein, die Dinge wirklichkeitsnah wiederzugeben.

Ein anderer Aspekt, der schwierig für die Erwachsenen ist, ist das vielleicht entstehende Chaos. Kreativität ist wunderbar, aber wenn die Stühle, Tische, Kissen und Decken sich durchs ganze Haus ranken, um ein Theater zu simulieren und die heißgeliebten Stöckelschuhe als Verkleidung dienen, wird es schon schwieriger. Es ist die Frage: »Was kann ich aushalten bzw. meinem Kind zugestehen?«, die an dieser Stelle sehr entscheidend ist. Es gibt eigene Grenzen, die respektiert werden sollen. Gleichzeitig können wir uns auch fragen, wie wichtig es uns wirklich ist, dass der Schal frisch gebügelt im Schrank liegt anstatt als idealer Theatervorhang zu fungieren? Es geht darum herauszufinden, wo ich meine eigenen Grenzen erweitern kann, um meinem Kind neue Räume zu eröffnen. Mitmachen ist da die beste Methode und es entsteht viel Freude beim gemeinsamen Malen, Geschichten-Spielen oder auf Töpfen- und Schüsseln-Trommeln. Ihr inneres Kind wird jubeln und es wirkt sehr befreiend, sich auf diese Momente einzulassen. Es ist wohltuend für die eigene Seele, für das Miteinander mit dem Kind und für das Kind selbst.

Im Folgenden finden Sie nun einige Anregungen aus den verschiedenen künstlerischen Disziplinen, wie Sie Ihr Kind über kreative Prozesse auf dem Weg zu einem gesunden Selbstwert unterstützen können. Ich wünsche Ihnen und Ihren Familien viel Spaß beim Ausprobieren. Lassen Sie sich voller Lust und Übermut ein!

Bildende Kunst – Malen, Zeichnen, Modellieren

Gerade wenn es um das Malen und Zeichnen geht, kommt auch schon bei Kindern sehr schnell das Gefühl auf: »Das kann ich nicht!« Natürlich kann ich es vielleicht nicht so, dass jeder auf Anhieb erkennt, was ich gemalt habe, bzw. dass die anderen in Jubelrufe ausbrechen, weil ich ein so gelungenes Werk auf das Papier gebracht habe. Aber das ist nicht entscheidend. Wichtig ist, dass ich mich traue! Dass ich einfach drauflosmale, wie es mir in den Sinn kommt. Denn es geht in erster Linie um mich selbst und nicht um die Meinung anderer.

In der Schule ist das manchmal schwierig. Da werden Noten vergeben, mit denen bewertet wird, wie genau ein Kind sich an die erarbeiteten Vorgaben hält und diese umsetzt. Für mich als Lehrerin ist es immer sehr schwierig, wenn ich all die Kunstwerke beurteilen soll. Deshalb gebe ich Gestaltungsaufgaben, bei denen wir gemeinsam etwas erarbeiten, zum Beispiel eine neue Technik kennenlernen. Das kann ich dann beurteilen. Alle anderen Aufgaben werden gemacht, weil sie Spaß bringen, weil es guttut, seine inneren Ideen sichtbar zu machen. Diese Art von Aufgabenstellung darf nicht bewertet werden. Sie darf und muss Wertschätzung erfahren. Dazu frage ich die Kinder, was sie an den einzelnen Werken für besonders gelungen halten. Ganz genau, wir richten den Fokus also auf das Positive! Tun Sie das auch mit Ihrem Kind. Schauen Sie sich gemeinsam seine Bilder an und lassen Sie sich sagen, was daran besonders schön ist. Für das Kind ist es in erster Linie wichtig, selbst stolz auf sein Werk zu sein. Die Meinung anderer ist zweitrangig. Jeder muss selbst fühlen, dass ihm etwas gelungen ist. Dann ist es schön, das Lob auch von außen zu bekommen. Wenn das positive Gefühl nicht in uns steckt, glauben wir niemandem! Hier nun einige Anregungen:

Malen nach Musik

Nehmen Sie sich ein großes Papier, einen dicken Pinsel und bunte Farben. Suchen Sie eine Musik aus, die Ihrer gemeinsamen Stimmung entspricht. Die Richtung ist ganz egal. Vielleicht sucht auch jeder etwas aus. Gerade die Mischung ist interessant. Erst Rolf Zuckowski, dann Tokio Hotel und dann Klassik. Was meinen Sie, was da für ein Bild entsteht! Da braucht man nicht mehr die Meinung oder die Anerkennung anderer, da spürt man selbst die Freude am Schaffen! Und die sieht man in dem Bild!

Sorgenbild

Wenn es irgendetwas gibt, was Ihr Kind bedrückt oder in besonderer Weise beschäftigt, lassen Sie es ein Bild davon malen. Das kann einfach ein Kritzelkratzelbild sein oder auch etwas Konkretes. Kinder sind großartig darin, Gefühle zu malen.

Nun können Sie entweder das Bild zerreißen, wenn es ein großes Problem darstellt. Das gibt dem Kind das Gefühl, dass es etwas bewirken kann. Oder Sie schneiden das Etwas aus und kleben es auf ein großes buntes Papier. Die Wirkung ist enorm. Zuerst war das Etwas riesengroß und nun ändert sich der Blickwinkel und die positive Farbe im Hintergrund nimmt ihm die Wirkungskraft. Das Kind kann nun auch etwas Neues dazumalen und somit das Bild positiv umgestalten. Lassen Sie Ihrer Fantasie freien Lauf, gehen Sie Ihren Ideen und Inspirationen nach. Ich bin in meiner Arbeit als Lehrerin immer wieder begeistert, was Kinder entwickeln und wie sich ihre Muster dadurch verändern.

Ton und andere Modelliermassen

Manchen Kindern tut es besonders gut, wenn sie etwas in der Hand haben, wenn sie dreidimensional gestalten können. Das Modellieren mit Ton wirkt erdend und beruhigend. Es hilft, in die eigene Mitte zu finden. Bei »Ton« denken viele gleich an Schüsseln und Vasen. Es gibt wunderbare Techniken, um diese zu gestalten, aber hier soll es erst einmal um freies Gestalten gehen. Manche Kinder sind überfordert, wenn sie keinerlei Vorgaben haben. Sie brauchen Anhaltspunkte, klare Grenzen, um die eigenen Ideen entfachen zu können. Dazu kann es hilfreich sein, aus der Modelliermasse mit großen Ausstechformen eine Grundform vorzugeben, die die Kinder dann verzieren. Anschließend kann man die Kunstwerke sehr schön mit Lackmalfarben anmalen. Die Farben wirken besonders kräftig und glänzend und man spart sich das Lackieren. Es gibt auch Ton, der gut trocknet und nicht gebrannt werden muss.

Wenn ein Kind sich generell schwertut, Kontakt zu seiner Kreativität herzustellen, kann man so ein Werk auch erst einmal gemeinsam gestalten, indem jeder im Wechsel etwas Neues zur Figur hinzufügt.

Kreativwerkstatt mit unterschiedlichsten Alltagsmaterialien

Sammeln Sie alles, was man weitläufig als Müll bezeichnen kann! Dazu gehören Joghurtbecher, Korken, Papierrollen, Wolle, Stoffreste, Holzreste, usw. Die Kinder wissen genau, was man alles verwenden kann. Dann brauchen Sie nur noch Schere, Kleber, Nägel, Hammer und eventuell Nähzeug. Nun kann es losgehen! Diese Dinge, die einzeln für sich betrachtet erst einmal nutzlos erscheinen, können zu den interessantesten und skurrilsten Kunstwerken werden, wenn sich kleine Kinderhände ans Werk machen.

All diese Gestaltungsprozesse helfen dem Kind, sich seiner inneren kreativen Kraft anzunähern und ihr ein äußeres Erscheinungsbild zu verschaffen. Sie machen sich dadurch selbst sichtbar, und sie können sehen, was sie geschaffen haben. Diese Momente der Vollendung sind enorm heilsam für bereits verletzte Selbstwerte und helfen, die eigene Kraft weiter auszubauen und nutzbar zu machen. Wenn Kraft aktiviert ist, wird sie auch in anderen Lebens- und Fachbereichen spürbar und verhilft dem Kind, sich neuen Aufgaben zu stellen und sein Potenzial auszuschöpfen.

Darstellende Kunst

Die darstellende Kunst, also alles, was mit Theater zu tun hat, bietet hervorragende Möglichkeiten, sich selbst auszudrücken, sich in neue Rollen einzufinden, sich selbst auszuprobieren. Wir sprechen nicht davon, dass jeder an den Kammerspielen ein Engagement bekommt, sondern darüber, dass jeder gleich den Schauspieler in sich entdecken kann! Kinder lieben es, sich zu verkleiden, in andere Rollen zu schlüpfen. Manche verlieren im Laufe der Zeit die Freude daran, zum Teil, »weil es nicht mehr ihrem Alter entspricht.«

Häufig trauen sich nur die Kinder zum Beispiel in der Theatergruppe der Schule mitzuwirken, die in diesem Bereich begabt sind, also bereits positive Erfahrungen gemacht haben. Doch das darstellende Spiel gibt viel Raum für jeden. Es sind immer Rollen für Kinder vorhanden, die gerne im Mittelpunkt stehen und den Raum auf der Bühne gerne alleine ausfüllen. Andere finden ihren Platz in einer Gruppe, die gemeinsam auftritt. Oder sie nehmen an einem Schatten- oder Puppentheater teil, wo sie nicht sichtbar in Erscheinung treten.

Ich hatte einmal einen sehr schüchternen und unsicheren Schüler in meiner Klasse. Er war bei seinen Mitschülern sehr beliebt, konnte es aber nicht glauben. Aus irgendeinem Grund nahm er seinen Mut zusammen und kam zu mir in die Theatergruppe. Wir hatten in diesem Halbjahr ein großes Zirkusprojekt geplant. Hier konnte sich jeder entsprechend seinem Talent einbringen. Die Eltern und ich waren nicht schlecht erstaunt, als dieser Junge bei der Aufführung als Messerwerfer auf der Bühne stand und sich stolz dem Publikum präsentierte. Seine Nummer klappte nicht hundertprozentig, weil nicht alle Ballons zur rechten Zeit platzten (dafür war ein anderer Schüler verantwortlich). Ich hätte gedacht, dass ihn das verunsichern würde. Er überspielte die Situation jedoch sehr geschickt, sodass das Publikum annahm, dass alles genau so geplant gewesen war. Zu meiner großen Freude nahmen im Anschluss seine schulischen Leistungen einen Aufschwung. Der Junge hatte eine Kraft in sich entdeckt und zum Vorschein gebracht, die ihn in allen Bereichen wachsen ließ.

Vielleicht haben ja Sie als Eltern auch Lust, einmal etwas gemeinsam in der Familie auszuprobieren. Auch ein Kindergeburtstag lässt sich auf diese Weise sehr kreativ gestalten. Zusätzlich rate ich dazu, bestehende Möglichkeiten zu nutzen. Schulen bieten häufig Theater-AGs an und in verschiedenen Kinder- und Jugendeinrichtungen in der Umgebung gibt es sicherlich ähnliche Angebote.

Nun aber zu ein paar Ideen, die Sie innerhalb der Familie, im Freundeskreis oder auf einem Kindergeburtstag umsetzen können:

Aufwärmspiele

× Freies Bewegen durch den Raum zu Musik, um ein bisschen locker zu werden.

× Alle Kinder stehen im Kreis. Jeder stellt sich den anderen vor, indem er eine Bewegung macht. Alle Kinder machen darauf diese Bewegung mit. Im Anschluss können die Kinder ausprobieren, ob sie sich alle Bewegungen in der richtigen Reihenfolge gemerkt haben.

Pantomime

× Die Kinder stehen im Kreis und geben einen imaginären Ball oder einen anderen Gegenstand herum. Dieser verändert beim Weitergeben sein Aussehen, seine Größe, sein Gewicht, seine Konsistenz, was allein durch das pantomimische Spiel erkennbar wird. Der Fantasie sind keine Grenzen gesetzt!

Übung zur Selbstwertsteigerung

× Die Kinder bilden eine Gasse, d.h. immer zwei Kinder stehen sich gegenüber und schauen sich an. Das erste Paar der Reihe beginnt und schreitet durch die Gasse. Die anderen bejubeln dieses Paar und lassen es richtig hochleben! Es gibt wohl kein Kind, das nicht mit einem Strahlen im Gesicht am Ende der Gasse ankommt.

Sprachspiele

× Die Kinder gehen durch den Raum und benennen alle Gegenstände, die sie sehen, mit einem falschen Namen.

× Die Eltern schreiben einige Reizwörter auf Wortkarten. Die Kinder erzählen dann eine Geschichte, zum Beispiel, indem immer ein Kind einen Satz hinzufügt. Unvermittelt halten Sie eine Wortkarte hoch (am besten zufällig ausgewählt, denn daraus entstehen die lustigsten Geschichten). Dieses Wort muss dann sofort in die Geschichte eingebaut werden.

Musik

Die Musik ist ein Bereich, in dem viele Menschen bereits sehr früh erfahren, dass sie darin nicht gut sind. Entweder wird eine Begabung festgestellt oder es wird einem diagnostiziert, dass man es eben nicht kann. Sätze wie

»Sing nicht so schief, so laut, die falsche Melodie usw.«
klingen noch lange im Ohr und verhindern, die Freude
an der Musik erleben zu können.

Wenn ich Menschen beobachte, die musikalisch sind
und diese Begabung auch ausleben, stelle ich immer wieder fest, dass sie etwas Besonderes ausstrahlen, das sich
schwer in Worte fassen lässt. Es hat etwas mit »im Einklang sein« zu tun. Eine Musiklehrerin hat mir einmal
gesagt, dass Singen etwas in uns selbst zum Schwingen
bringt, dass es Energien freisetzt und uns von innen heraus strahlen lässt.

Nicht jeder hat eine ausgebildete Stimme und ist in
der Lage, seinen Klangkörper bewusst zu nutzen. Dennoch tut es jedem gut, zu singen. Singen sollte nicht mit
richtig und falsch in Verbindung gebracht werden. Singen soll Spaß machen, es soll die Seele zum Lachen bringen. Schlechte Laune und Singen passen nicht zusammen.
Probieren Sie es einmal aus, wenn Sie am Morgen aufwa-
chen und sich richtig griesgrämig fühlen. Ermuntern Sie
sich selbst durch ein unter der Dusche angestimmtes Lied.
Am Anfang kommt man sich vielleicht komisch vor und
die inneren Schlechte-Laune-Macher ziehen vermutlich
sämtliche Register, um sich über das alberne Singen auf-
zuregen, aber Sie werden sehen – die gute Laune siegt!

Kinder sind für uns Erwachsene die beste Hilfestellung, um diese Qualität wieder in unser Leben zu bringen. Sie singen, summen und trällern vor sich hin, wenn
es ihnen in den Sinn kommt, egal ob nebenbei das Radio
läuft oder die Nachbarn zu Besuch sind. Wir sollten uns
mit unseren Kindern gemeinsam inspirieren lassen, wieder mehr zu singen. Es macht wirklich Freude, die alten

Kinderlieder wieder anzustimmen, und wenn es unter dem Weihnachtsbaum ist.

Auch das Spielen eines Instruments ist eine wertvolle Bereicherung für die Kinder. Es ist sicher typabhängig, ob und welches Instrument ein Kind spielen will. In jedem Fall sollte das Kind mit in die Entscheidung einbezogen werden. Kindern ist meist nicht klar, wie viel Übungsaufwand und Disziplin mit dem Erlernen eines Instruments verbunden sind. Es kommen sicherlich immer wieder Momente, in denen die Motivation in den Keller sinkt. Dann ist es wichtig, das Kind an die Hand zu nehmen und es durch das Motivationsloch hindurchzuführen. Es kommen wieder bessere Zeiten und es ist ein herrliches Gefühl, wenn man sich wieder aufgerafft hat und neue Erfolgserlebnisse geschaffen werden.

Auch das bewusste Anhören von Musik soll an dieser Stelle erwähnt sein. Wie oft läuft nebenbei irgendein Radiogedudel, das als reine Hintergrundkulisse dient. Das führt dazu, dass viele Kinder es kaum mehr aushalten, wenn es einmal still ist. Deshalb ist es ein wertvoller Erziehungsaspekt, den Kindern Stille und bewusstes Zuhören zu ermöglichen. Schenken Sie sich und Ihrem Kind solche genussvollen Zeiten. Es schult die Aufmerksamkeit, fördert die Konzentration und gibt die Möglichkeit, den Moment im Jetzt zu erleben und nicht gleichzeitig mit fünf verschiedenen Dingen beschäftigt zu sein, wie wir es so oft tun. Und wenn es dann ganz still geworden ist in Ihnen, dann fangen Sie an, Ihre inneren Lieder zu summen ...

Freies Schreiben

Wenn die Kinder in die Schule kommen, lernen sie das Schreiben. Damit öffnet sich für sie eine völlig neue Welt, sie bekommen ein neues Kommunikationsmittel an die Hand. Ich beobachte gerade mit Begeisterung bei den Erstklässlern an meiner Schule, mit welcher Freude und Euphorie sie ans Werk gehen, wenn der Knoten erst einmal geplatzt ist und die vormals verwirrenden Symbole nun einen Sinn ergeben. Stolz präsentieren sie ihre Werke und schauen mich mit hoffnungsvollen Augen an, ob ich nun das Geschriebene auch lesen kann. Manchmal ist es nicht ganz einfach, die lautgetreuen Wortgebilde zu entziffern, aber gemeinsam schaffen wir es immer. In der Schule kommt häufig sehr schnell der Aspekt des Richtigschreibens mit auf die Tagesordnung. Das kann sehr motivierend sein, denn manche Kinder fragen von sich aus, wie »man« das schreibt. Das ist dann auch genau der richtige Zeitpunkt, um ein Regelverständnis anzubahnen. Andere Kinder jedoch fühlen sich von den Regeln gegängelt und sie verlieren die Freude am Schreiben. Das ist sehr schade, denn das Schreiben an sich ist ein Prozess, der sehr wohltuend ist, wenn man es mit Freude und aus einem inneren Bedürfnis heraus macht.

Die Schule unterscheidet zwischen richtig schreiben und Texte verfassen. Je nach Lehrkraft werden unterschiedliche Prioritäten gesetzt. Manche lassen die Kinder schon sehr früh einfache, freie Texte schreiben, andere fördern die Kinder eher im Hinblick auf zielgerichtete Aufsätze zu einem bestimmten Thema und nach bestimmten formalen Vorgaben.

In jedem Fall ist es wichtig, den Kindern (auch unabhängig von der Schule) zu vermitteln, dass es einen Teil des Schreibens gibt, bei dem man darauf achtet, richtig zu schreiben, damit andere Menschen es auch lesen können. Zusätzlich gibt es aber eine Form, bei der man die Wörter einfach aus sich herausfließen lassen darf, so wie sie kommen, ohne darauf zu achten, ob der Satzbau schön ist und ob alle Wörter richtig geschrieben sind. Dieses Schreiben ist ein wichtiger Prozess. Es ist Ausdrucksmittel für einen selbst.

Ich motiviere die Kinder immer damit, dass sie einfach ihre Hand schreiben lassen sollen. Sie selbst sind nur Beobachter, die neugierig schauen, was die Hand aufs Papier bringt. Manche Kinder können sich darauf problemlos einlassen und schreiben sich alles von der Seele, was ihnen einfällt. Andere haben stark ausgeprägte innere Kritiker, die ihnen bereits im Kindesalter nicht erlauben, einen Text zu verfassen, der keinen Sinn ergibt, der viele Fehler enthält usw. Aber auch das lässt sich üben. Es kann eine Hilfestellung sein, einen Gegenstand als »Vermittler« einzubinden. So habe ich zum Beispiel einmal mit den Kindern eine Fantasiereise ans Meer gemacht. Im Anschluss daran haben sie dann von ihren persönlichen Erfahrungen während der imaginären Reise und von real erlebten Urlauben berichtet. Nun bekam jedes Kind eine Muschel, die es sich ans Ohr halten und genau zuhören sollte, was die Muschel ihm erzählt. Alle Kinder fingen dann schnell an aufzuschreiben, was die Muschel ihnen berichtete. Nur ein kleiner Junge meldete sich, schaute mich mit großen Augen an und meinte in tiefstem Bayrisch: »I versteh sie net!« Auch er war nach

ein bisschen gutem Zureden in der Lage, ein paar kurze Sätze zu formulieren. Wichtig ist bei solchen Schreibformen, dass sie gewürdigt und nicht korrigiert werden. Dafür gibt es andere Texte, diese sind einzig und allein zum Genießen da. Das Spannende an dieser Arbeit ist, dass Kinder, die einen guten Zugang zum kreativen Schreiben haben, sich auch leichter tun, wenn sie Texte nach Vorgaben verfassen sollen. Im Fachbereich Deutsch bedingen sich die Unterbereiche sehr stark gegenseitig. Ein Kind, das gut liest, liest gerne. Es findet Spaß an der Sprache und schreibt auch gerne. Wenn es die Chance bekommt, freie Texte zu schreiben, wächst seine Freude daran. Das Kind wird selbstbewusster, es traut sich immer mehr zu. Es kommt an den Punkt, dass es lernen will, wie man sich abwechslungsreich ausdrücken und eine Geschichte spannend gestalten kann.

Ermuntern Sie Ihr Kind zum Schreiben. Vielleicht mag es sich beim nächsten Einkauf ein schönes Heft aussuchen, in das es schreiben kann. Oder einen ganz besonderen Stift, mit dem man in der Schule nicht schreiben darf. Manchmal bewirken kleine Anreize dieser Art Wunder. Nun kann es losgehen! Egal, ob man gemeinsam aufschreibt, was man in den Ferien erlebt hat, einen Brief an einen guten Freund schreibt oder einfach lustige Unsinnsätze zusammenbastelt, im Vordergrund steht die Freude.

Probieren Sie es selbst aus: Schreiben Sie Ihre Träume auf oder legen Sie sich wieder ein Tagebuch zu.

ORGANISATION UND ARBEITSVERHALTEN

In meiner Arbeit als Grundschullehrerin tauchen immer wieder zwei Themen auf, die in vielen Familien zu Problemen führen. Das eine Problem sind die Hausaufgaben, das andere ist die Ordnung und Organisation der Schulsachen. Wenn ich das Thema bei einem Elternabend anspreche, gibt es meistens zwei Lager unter den Eltern. Einige von ihnen können gar nicht verstehen, warum ich das Thema überhaupt aufgreife, denn bei ihnen zu Hause läuft alles von alleine. Sie erzählen, dass die Kinder entweder nach oder sogar noch vor dem Mittagessen ihre Hausaufgaben erledigen, ihnen Klassenarbeiten oder Proben zum Unterschreiben oder Elternbriefe hinlegen, den Schulranzen für den nächsten Tag packen und die Eltern schauen dann nur noch einmal kurz über die gemachte Hausaufgabe, ob sich nicht noch irgendwelche Fehler eingeschlichen haben.

Die andere Elterngruppe kann wiederum nicht nachvollziehen, dass es solche Kinder geben kann und dass es nicht jeden Nachmittag Tränen und Kämpfe gibt, bis alles erledigt ist. Sie berichten, dass bei ihnen häufig die Hefte und Bücher, die für die Hausaufgaben benötigt werden, fehlen, dass die Kinder zum Teil gar nicht wissen, was sie aufhaben. Elternbriefe, Arbeiten oder sonstige »Post« aus der Schule finden sie zum Teil zerknüllt auf dem Boden des Schulranzens zwischen alten Pausebroten und einem verschwitzten T-Shirt aus dem Sportunterricht. Hausaufgaben und Organisation sämtlicher Belange rund um die Schule führen bei diesen Familien häufig zu Streit. Manche denken sich Belohnungssysteme aus, um die Kinder zu motivieren, andere drohen mit Bestrafungen, aber so richtig funktionieren will es nicht.

Was ist da los? Warum klaffen die Erfahrungen der Eltern so weit auseinander? Natürlich sind die von mir gegebenen Beispiele etwas überspitzt, zum Teil kommt meine Darstellung aber der Realität sehr nahe. Es gibt auf beiden Seiten Extreme und dann gibt es eine kleinere Gruppe, die sich irgendwo dazwischen bewegt.

Es gibt Kinder, bei denen eher die linke Gehirnhälfte dominant ist, das bedeutet, dass ihnen alle logischen Denkprozesse, alles Organisatorische sehr leichtfällt. Sie mögen klare Strukturen und finden sich in ihnen leicht zurecht. Wenn man ihnen etwas erklärt, können sie es schnell umsetzen. Diese Kinder haben seltener Schwierigkeiten, sich mit Hausaufgaben zu arrangieren, sie stellen sie meist nicht infrage und machen sich zielstrebig an die Arbeit. Ihre Hefteinträge sind übersichtlich, sie haben alle Materialien, die sie brauchen. Für viele Eltern und Lehrer sind diese Kinder sehr angenehm, denn sie fügen sich leicht in das System ein.

Bei der anderen Gruppe von Kindern dominiert eher die rechte Gehirnhälfte. Diese ist für alle kreativen Denkprozesse zuständig, die Kinder sind gerne in Bewegung, sie mögen Farben und Symbole, um sich Inhalte gut einprägen zu können. Häufig ist es für sie schwieriger, mit dem organisatorischen Teil der Schule zurechtzukommen und sie bringen Eltern und Lehrer manchmal nah an ihre Grenzen, weil sie selten alle ihre Sachen beieinander haben. In ihren Heften schreiben sie kreuz und quer und ein altes Pausenbrot im Schulranzen oder nicht gespitzte Stifte im Federmäppchen können sie nicht beunruhigen.

Das eine ist nicht besser als das andere, mit dem ersten Beispiel können nur viele Erwachsene leichter umgehen. Es ist so schön praktisch, wenn ein Kind alles schon von sich aus kann, was in unserer Erwachsenenwelt eine wichtige Rolle spielt, bzw. wenn man es ihm nur einmal kurz zeigen muss und es dann umsetzt. Für uns ist es manchmal schwer nachzuvollziehen, warum ein Kind es sich partout nicht merken kann, dass es für seine Hausaufgaben bestimmte Hefte und Bücher benötigt oder dass es nach der Überschrift bei einem Hefteintrag eine Zeile frei lässt, damit es übersichtlicher wird.

Wieder ist es an uns Erwachsenen, die Perspektive zu wechseln und uns in das Kind hineinzuversetzen. Es hat einen Grund, warum das Kind ist, wie es ist, und es ist gut so, wie es ist. Wir können ihm helfen, sich im Schulalltag leichter zurechtzufinden und ihm ein paar organisatorische Dinge beibringen, aber wir können und sollen es nicht verändern. Seine Fähigkeiten liegen in einem anderen Bereich bzw. es braucht andere Merkhilfen und die gilt es gemeinsam mit dem Kind zu finden. Wenn ich weiß, dass mein Kind sich im Organisieren schwertut, zum Beispiel aufgrund der Dominanz einer Gehirnhälfte, dann kann ich anders auf seine Bedürfnisse eingehen, indem ich es unterstütze und ihm zeige, wie es sich leichter tun kann, seine Sachen in Ordnung zu halten. Zusätzlich kann ich mit ihm ein paar Übungen machen, die die Verbindung zwischen den beiden Gehirnhälften verstärken, sodass das Kind die Vorteile beider Seiten nutzen kann (vgl. Seite 175 ff.).

Oft wird von den Kindern in diesem Bereich auf Anhieb sehr viel verlangt. Sie sollen alles am besten innerhalb der ersten Schulwochen beherrschen. Häufig steht im Unterricht, zum Teil aus Zeitmangel, gleich zu Beginn des Schuljahres der Lernstoff im Vordergrund. Die organisatorischen und methodischen Dinge werden kurz erwähnt und immer wieder kurz erklärt, vor allem dann, wenn etwas nicht funktioniert. Dadurch baut sich auf allen Seiten Stress auf, den man gut vermeiden kann, wenn von Anfang an einige Regeln aufgestellt werden, die für alle Beteiligten durchsichtig sind. Ein richtiggehendes Organisations- und Hausaufgabentraining, das gemeinsam von schulischer und häuslicher Seite durchgeführt wird, kann den Verlauf der restlichen Schulzeit für alle Beteiligten sehr erleichtern. Die investierte Zeit lohnt sich.

Im Folgenden stelle ich einige Grundprinzipien dar, die Eltern Anhaltspunkte geben und Kindern helfen sollen, ein solides Arbeitsverhalten aufzubauen.

Rituale und Disziplin

Kinder lieben Rituale. Wenn am Abend die Zähne geputzt werden, ein Buch vorgelesen, ein Lied gesungen wird, dann weiß das Kind, jetzt ist es Zeit zum Schlafen. Irgendein Abendritual ist in den meisten Familien Teil des Tagesablaufs. Genauso kann man es mit den Hausaufgaben handhaben.

Zeitpunkt
Wann genau der richtige Zeitpunkt für die Hausaufgaben ist, ist individuell verschieden und sollte an den

Tagesablauf der Familie angepasst werden. Der im Folgenden aufgestellte »Plan« ist nur eine mögliche Form. In jeder Familie treffen verschiedene Voraussetzungen und Bedürfnisse aufeinander. Bei manchen ist ein Elternteil mittags zu Hause, bei anderen treffen sich alle erst abends. Darauf kommt es nicht an, wichtig ist, dass jede Familie eine Struktur entwickelt, ein eigenes Ritual, das dem Kind Orientierung und Halt gibt. Auf diese Weise fügen sich die Hausaufgaben ganz natürlich in den Tagesverlauf ein.

Gemeinsames Essen

Ein warmes, gesundes Mittagessen tut gut und gibt neue Energie. Bei der gemeinsamen Mahlzeit geht es nur zu einem Teil um die Nahrungsaufnahme, denn hier bietet sich auch eine gute Möglichkeit zur Kommunikation. Der Schultag ist meist voller Ereignisse. Es wurde viel gelernt, vielleicht hat das Kind eine Arbeit geschrieben, vielleicht ist im Sport oder auf dem Pausenhof etwas Aufregendes passiert. In jedem Fall ist es wichtig, dass das Kind die Möglichkeit hat, sich auszutauschen. An vielen Tagen will es vielleicht gar nichts erzählen, auch das ist in Ordnung. Aber es sollte wissen, dass wenn es etwas auf dem Herzen hat, es die Möglichkeit gibt, es zu erzählen. Ein gemütlicher Mittagstisch (oder Abendbrottisch), an dem alle von ihren Erlebnissen berichten, ist dafür genau der richtige Ort.

Zeit der Stille

Im Anschluss an das Essen kann man eine kleine Pause einlegen und sich ein bisschen ausruhen. Eine Zeit der

Stille am Tag ist für viele Kinder ungewohnt und nur schwer auszuhalten. Vermeintliche Ruhe kehrt häufig nur vor dem Fernseher ein. Was die Kinder den ganzen Tag erleben, ist jedoch nicht zu unterschätzen. Sie brauchen auch Zeiten, um das Erlebte zu verarbeiten. Wie diese Zeit gestaltet wird und wie lange sie ist, muss wieder individuell entschieden werden.

Hausaufgaben

Bevor es dann ans Spielen und Treffen mit Freunden geht, sollten die Hausaufgaben gemacht werden. Das kennt sicherlich jeder von sich selbst: Wenn man seine Arbeit den ganzen Tag vor sich herschiebt, sitzt sie einem im Nacken und wird größer und schlimmer, als sie eigentlich ist. Deshalb ist ein konsequent eingehaltener Ablauf eine große Hilfe. Es stellt sich nicht jeden Tag aufs Neue die Frage, wann und wie und mit wem ich meine Hausaufgaben mache, sondern sie gehören zum Tagesablauf wie das Zähneputzen.

Um so einen »strengen« Tagesablauf einzuhalten, benötigt man ein gewisses Maß an Disziplin. Das klingt vielleicht im ersten Moment sehr hart und nach Strenge und Einengung.

In der Praxis zeigt sich das Gegenteil. Es ist für die Kinder ein sehr befriedigendes Gefühl, wenn sie ihre Arbeiten erledigt haben. Oft scheuen sie sich anfangs davor und möchten sie immer weiter vor sich herschieben. Wenn aber die bearbeitete Arbeitsheftseite vor ihnen liegt, erfahren sie ein Gefühl der Erfüllung. Hinzu kommt, dass sich das stetige Üben bezahlt macht. Ein Kind, das seine

Arbeiten zuverlässig und regelmäßig erledigt, hat wesentlich größere Chancen auf schulischen Erfolg, als eines, das jeden Tag eine andere Ausrede findet und irgendwann den Anschluss an die Klasse verliert. In der Schule sind die Kinder meist stolz, wenn sie ihre Hausaufgaben vollständig erledigt haben und sie präsentieren können. Eine unvollständig gemachte Arbeit hinterlässt immer ein mulmiges und unzufriedenes Gefühl.

Diese innere Disziplin, um die es hier geht, wird benötigt, um ein inneres Zufriedenheitsgefühl zu erlangen und weniger, um einem äußeren Rahmen zu entsprechen. Wieder sind auch die Eltern gefordert, diese innere Disziplin vorzuleben. Ein Kind sollte miterleben können, wie die Erziehungsperson sich auf eine Sache einlässt und sie bis zum Ende durchhält, auch wenn sie einmal keine Lust hat.

Ordnung

Genauso wie der Zeitpunkt für die Hausaufgaben in einen festen Rahmen eingebettet wird, kann auch das Erledigen der Hausaufgaben selbst einer genauen Ordnung unterliegen. Beobachtet man Kinder, die von sich aus sehr diszipliniert arbeiten, dann lässt sich feststellen, dass sie sich eigene Rituale geschaffen haben.

Im Folgenden stelle ich ein paar grundlegende Voraussetzungen und klare Abläufe vor, die einen stressfreien Ablauf der Hausaufgaben erleichtern. Wichtig hierbei ist, meine Vorschläge als Orientierungshilfe zu betrachten. Es geht nicht um eine dogmatische Einhaltung aller Schritte, sondern um eine Anpassung an die individuellen Bedürfnisse aller Beteiligten. Für Kinder, die viel Bewegung brauchen, müssen öfter kleine Bewegungspausen eingebaut werden. Außerdem sollte man die Abläufe gemeinsam mit dem Kind erarbeiten, um dem Prinzip der Einsicht gerecht zu werden.

Der Arbeitsplatz

Eine wichtige Grundvoraussetzung, um konzentriert arbeiten zu können, ist ein geeigneter Arbeitsplatz. Manche Kinder sitzen gerne am Küchentisch und lassen sich nicht von Nebengeräuschen stören, im Gegenteil, sie geben ihnen ein Gefühl von Sicherheit. Andere Kinder brauchen absolute Ruhe und ihren eigenen Raum, um sinnvoll arbeiten zu können.

In jedem Fall sollte der Arbeitsplatz für das Kind passend sein. Dazu gehört, dass sowohl Tisch als auch Stuhl die richtige Höhe haben. Der Tisch sollte so stehen, dass die Kinder mit Tageslicht arbeiten können, das im Idealfall von vorne kommt, sodass nicht mit der Schreibhand ein Schatten aufs Papier geworfen wird. Darüber hinaus sollte eine zusätzliche Lichtquelle vorhanden sein.

Der Arbeitsplatz sollte aufgeräumt sein und von allen Spielsachen und anderen Dingen, die ablenken, befreit werden. Manche Kinder finden kaum Platz für ihr Heft, weil viele andere interessante Dinge herumliegen. Diese äußere Ordnung hilft, die Aufmerksamkeit auf das zu bündeln, was gerade zu tun ist. Äußere Ordnung gibt innere Ordnung.

Außerdem sollten alle benötigten Arbeitsmaterialien, wie Kleber, Schere, Anspitzer, Lineal, Papierkorb verfügbar sein. Wenn das Kind für jedes dieser Dinge aufstehen und in der Wohnung suchen muss, wird jedes Mal die Konzentration gestört.

Es erweist sich als praktisch, in der Nähe des Schreibtisches eine Pinnwand anzubringen. An diese kann man Lerntipps, Merkzettel, schwierige Rechtschreibwörter oder die später erwähnte »Hausaufgabencheckliste« heften. So sind die wichtigen Dinge, die das Kind nicht vergessen soll, immer im Blickfeld. Dies dient einerseits als Gedächtnisstütze, andererseits prägen sich die Dinge von alleine ein, wenn sie immer unbewusst wahrgenommen werden.

Möglicher Ablauf der Hausaufgaben

Zuerst wird der Schulranzen ausgeräumt: die Box für die Pausenbrote kommt in die Küche, die Turnsachen in den Wäschekorb usw.

Als Nächstes sollte sich das Kind ein Glas Wasser bereitstellen und vielleicht auch gleich einen Schluck trinken. Um sich gut konzentrieren zu können, ist es wichtig, dass der Körper mit ausreichend Wasser versorgt ist (vgl. Seite 160 ff.).

In einem zweiten Schritt kann das Kind sich mit ein paar körperlichen Übungen auf die Hausaufgaben einstimmen. Dabei ist es gut, kurz das Fenster zu öffnen, um den Raum mit frischem Sauerstoff zu versorgen. Entsprechende Übungen zur Konzentrationssteigerung und zur besseren Zusammenarbeit beider Gehirnhälften finden sich auf Seite 175 ff.

Nun kann es mit neuer Kraft an die Arbeit gehen. Das Kind sucht sein Hausaufgabenheft und alle Hefte und Bücher, die es braucht, zusammen und legt sie auf den Tisch. Manche Kinder fangen mit dem an, was sie lieber machen oder was ihnen leichtfällt, um sich positiv einzustimmen. Andere wiederum erledigen erst das Schwierigere oder Ungeliebte, um es hinter sich gebracht zu haben. Fragen Sie Ihr Kind, wie es das lieber handhaben möchte.

Wenn eine Aufgabe erledigt ist, wird sie im Hausaufgabenheft abgehakt. Es gibt ein gutes Gefühl, wenn man sehen kann, was man schon geschafft hat. Erledigte Hausaufgaben werden auf einen Stapel gelegt, sodass sie den Eltern gezeigt werden können. Zum einen, damit die Eltern sich ein Bild davon machen können, was das Kind gerade im Unterricht durchnimmt. Fehler können gemeinsam korrigiert werden, das muss aber nicht sein. Mit der Lehrerin oder dem Lehrer sollte abgesprochen werden, ob er oder sie sehen möchte, welche Fehler das Kind bei den Hausaufgaben macht oder nicht.

Zum anderen ist es für die Kinder auch eine Bestätigung, wenn sie ihre getane Arbeit zeigen dürfen. Sie sind stolz auf das, was sie geschafft haben, und das bedarf Anerkennung und Wertschätzung.

Bereitstellen des Arbeitsmaterials

Wenn alle Aufgaben fertiggestellt und durchgesehen sind, sollten sich die Kinder angewöhnen, sich alles, was sie für den nächsten Tag brauchen, herzurichten. Alle Stifte sollten gespitzt sein, alle losen Blätter abgeheftet und die

Bücher und Hefte wieder ordentlich einsortiert werden. Außerdem sollte nachgefragt oder nachgesehen werden, ob Elternbriefe ausgegeben wurden oder andere Mitteilungen zum Unterschreiben da sind. Auch im Schulranzen empfiehlt es sich, eine eigene Ordnung einzuhalten. Manche Kinder finden nie etwas, weil die Hefte immer zwischen den Büchern verschwinden und alles jeden Tag an einem anderen Ort ist. Es erspart viel Mühe und Zeit, wenn eine Struktur festgelegt und eingehalten wird.

Es ist gut, wenn die Kinder wissen, dass dieser organisatorische Teil ebenfalls Bestandteil der Hausaufgaben ist. Diese enden erst, wenn alles für den nächsten Tag bereitgestellt und in Ordnung gebracht wurde. Auf diese Weise gestaltet sich auch der nächste Morgen stressfreier, denn dann, wenn meist wenig Zeit ist, ist es angenehm, wenn nur noch der Schulranzen aufgesetzt werden muss in dem sicheren Gefühl, dass er alles enthält, was für den Tag benötigt wird.

Dieser erst einmal enge Rahmen gibt Sicherheit. Das Kind weiß, wenn es all das gemacht hat, ist es gut vorbereitet. Dann kann es zufrieden sein und sich entspannen. Der Rest des Tages ist frei. Ein Gefühl der inneren Ordnung stellt sich ein. Im Laufe der Zeit, wenn sich bestimmte Abläufe und Rituale eingeschliffen haben, kann es dann von sich aus anfangen, seine persönliche Ordnung zu etablieren und seine individuelle Arbeitsweise entwickeln.

Im folgenden Kapitel gibt es eine »Hausaufgabencheckliste«, die zur Orientierung kopiert, gemeinsam mit dem Kind durchgearbeitet und neben dem Schreibtisch aufgehangen werden kann.

In der Liste erwähne ich die »Liegende Acht« und die »Denkmütze«. Hierbei handelt es sich um kinesiologische Übungen. Eine genaue Beschreibung finden Sie auf den Seiten 176 und 178.

Einsicht unterstützt den Lernprozess

Kinder sind von sich aus kooperativ und wollen lernen. Dass es gerade bei den Hausaufgaben zu Problemen kommt, hängt in erster Linie damit zusammen, dass diese ein hervorragendes Spielfeld für Machtkämpfe bieten. Oft entsteht der Eindruck, dass es nicht um die Hausaufgaben an sich geht, sondern darum, wer sich durchsetzt. Viele Kinder stellen sich einfach gegen das, was die Eltern wollen. Sie wehren sich gegen Vorgaben von außen. Genau da liegt der Punkt, den es zu berühren gilt. Viele Kinder sehen nicht ein, warum sie Hausaufgaben machen sollen. Für sie ist es nicht verständlich. Sie fühlen sich nicht angesprochen, denn Hausaufgaben sind für Kinder meist etwas, was man halt machen muss, weil der Lehrer es so will. Ihnen fehlt die Einsicht in den Nutzen.

Manche Kinder fühlen sich mit den Hausaufgaben über-, andere unterfordert. Es ist sehr schwierig, die »richtige« Hausaufgabe zu finden. Im Unterricht sollen die Kinder ihrem persönlichen Wissensstand entsprechend gefördert werden und zu Hause müssen sie dann alle das Gleiche erledigen. Dass es da zu Widerständen in verschiedenster Form kommt, ist verständlich. *(Weiter auf Seite 144.)*

Hausaufgabencheckliste

Wie sieht mein Arbeitsplatz aus?
- × Ist der Tisch aufgeräumt, sodass ich Platz zum Arbeiten habe?
- × Sind Kleber, Schere, Lineal, Schmierpapier und Papierkorb griffbereit?
- × Habe ich genügend Licht?

Habe ich mir alles hergerichtet?
- × Federmäppchen
- × Hausaufgabenheft
- × Hefte, Arbeitshefte und Bücher, die ich brauche
- × Ein Glas mit Wasser

Ich mache mich fit für die Hausaufgaben:
- × Fenster auf, damit ich genügend Sauerstoff habe!
- × Ich trinke ein Glas Wasser.
- × Ich suche mir drei kinesiologische Übungen aus, die mich heute fit machen.
- × Ich male ein paar Mal die »Liegende Acht« in die Luft oder auf ein großes Papier.

Nun kann es losgehen:

× Ich suche mir entweder eine Aufgabe aus, die mir leichtfällt, um einen angenehmen Einstieg zu haben. Dann habe ich schon einmal das Gefühl, etwas geschafft zu haben!

× Oder ich nehme die Aufgabe, die mir schwerfällt, denn wenn die geschafft ist, ist der Rest ein Klacks!

× Immer wenn ich eine Aufgabe erledigt habe, hake ich sie im Hausaufgabenheft ab. Dann kann ich genau sehen, wann ich fertig bin. Ein tolles Gefühl!

Was ich tun kann, wenn ich mich nicht mehr konzentrieren kann:

× Ein Glas Wasser trinken
× Lüften
× Die Übung »Denkmütze«
× Mich ein bisschen bewegen
× Vielleicht hilft es, Merkzettel mit bunten Farben zu gestalten oder das Einmaleins, die Vokabeln, die Lernwörter o.ä. aufzusagen und nebenbei mit einem Ball zu trippeln.
× Mir selbst überlegen, was ich jetzt brauche, damit ich wieder besser arbeiten kann.

Und jetzt? Das gehört auch noch zu den Hausaufgaben:

× Ich lege alle gemachten Aufgaben, Briefe an meine Eltern, Arbeiten zum Unterschreiben zurecht, damit ich sie meinen Eltern zeigen kann.

× Sind alle Stifte gespitzt? Muss ich noch etwas einkaufen? (Ein neues Heft, Patronen, Kleber, Tintenkiller ...?)

× Wie sieht es im Schulranzen aus? Sind alle Hefte und Bücher da, wo sie hingehören?

× Die Pausenbox und die Trinkflasche gehören für den nächsten Tag in die Küche!

× Habe ich morgen Sport, einen Ausflug oder soll ich etwas anderes Besonderes mitbringen? Ich richte es gleich schon einmal her, dann muss ich morgen nicht mehr daran denken!

Geschafft!!!! Nichts wie raus zum Spielen!!!!!!

Dennoch lassen sich die Umstände nur schwer verändern. Man kann nur versuchen, mit den Kindern gemeinsam Wege zu finden, die beide Seiten zufriedenstellen. Wichtig ist, dass die Kinder sich ernst genommen fühlen, dass sie gefragt werden, warum sie die Hausaufgaben nicht machen wollen. Damit ist schon ein wertvoller Grundstein gelegt. Vielleicht entspricht die bisherige Arbeitsweise am Nachmittag nicht dem Lerntyp des Kindes. Probieren Sie gemeinsam verschiedene Möglichkeiten aus, um das Lernen zu unterstützen und lustbetonter zu gestalten.

Ich selbst habe in meiner Praxis als Grundschullehrerin verschiedene Möglichkeiten ausprobiert. Ein paar meiner Schüler waren extrem wissbegierig und sehr häufig mit dem Grundschulstoff unterfordert. Ich machte mit ihnen und ihren Eltern aus, dass sie sich eine Arbeit aussuchen durften, die sie machen sollten. Ein Teil der Hausaufgabe war derselbe wie bei den anderen Kindern. Die restliche Hausaufgabenzeit (bis zu einer Stunde) durften sie sich selbst ein Thema wählen, das sie bearbeiteten. Sie selbst durften dabei entscheiden, für welches Fach sie arbeiten, sie sollten selbst einschätzen, wo ihr Übungsbedarf lag. Ein Junge arbeitete viel am Computer mit Mathematiklernspielen und zeigte mir dann immer seine Resultate. Andere gestalteten Plakate und bereiteten Referate vor. An sich lief das Modell sehr gut. Die Eltern berichteten, dass sich der »Kampf wegen der Hausaufgabe« schlagartig gelegt hatte. Für mich als Lehrerin war es nicht immer einfach, die zusätzliche Zeit zu finden, um die Arbeiten der Kinder im Unterricht zu würdigen oder individuell zu korrigieren.

Eine andere Möglichkeit bestand darin, dass ich individuelle Mathematikarbeitshefte anschaffte, die die verschiedenen Themenbereiche des Matheunterrichts in der Grundschule abdeckten. Jedes Kind bekam ein Heft, das seinem Übungsbedarf entsprach. Als Hausaufgabe sollten die Kinder eine halbe Stunde in diesem Heft arbeiten. Die Möglichkeit der Kontrolle durch die Lehrkraft war hier nicht mehr gegeben, denn das Korrigieren bedeutete einen enormen zusätzlichen Zeitaufwand. Ich hatte mit den Eltern vereinbart, dass sie die Arbeit mit den Heften überwachten. Ich schaute nur jeden Tag nach, ob und wie viel die Kinder gearbeitet hatten und machte am Ende, wenn ein Kind sein Heft fertig bearbeitet hatte, Stichproben. Den Kindern machte das sehr viel Spaß, sie arbeiteten fleißig und oft länger, als sie es für eine »normale« Hausaufgabe gemacht hätten.

Was hat mir diese Erfahrung gezeigt? Auf der einen Seite sicherlich, dass die Kinder auch zu Hause gerne arbeiten, wenn sie die Sache, um die es geht, interessiert und wenn sie weder unter- noch überfordert werden. Zum anderen kam hinzu, dass die Kinder das Gefühl hatten, dass sie selbst entscheiden durften. Sie hatten die Wahl, was und wie viel sie machten. Sie fühlten sich nicht fremdbestimmt und konnten selbst entscheiden, wie viel Übung sie brauchten. Das ist ein sehr hoher Anspruch an Grundschulkinder. Für manche von ihnen war dieser auch zu hoch. Ihnen gab ich dann genauere Angaben. Die meisten hatten jedoch keine Probleme. Für mich war es erneut ein Beweis dafür, dass wir den Kindern vertrauen dürfen und dass es eher ein Lernprozess für uns Erwachsene ist, die Kontrolle aufzugeben. Ich konnte nicht mehr genau überprüfen, was wer wann gemacht hatte und zu meinem eigenen Erstaunen war es auch nicht nötig. Die Kinder organisierten sich hervorragend selbst. Sie fragten sich gegenseitig um Hilfe und motivierten sich enorm, indem sie untereinander verglichen, wie weit sie in ihren Heften schon waren.

Kinder fühlen sich verstanden und ernst genommen, wenn sie selbst Entscheidungen treffen dürfen. Denn dann sehen sie ein, dass sie die Übung brauchen, dann arbeiten sie aus sich selbst heraus und nicht, weil jemand ihnen von außen etwas aufzwingt.

Nun fühlen sich nicht alle Lehrer mit so einer Art von Hausaufgabe wohl, was gut nachvollziehbar ist. Aber auch bei einer »normalen« Hausaufgabe kann ich dem Kind das Gefühl geben, dass es mitbestimmen darf. Die Kinder selbst haben oft hervorragende Ideen, wie sie etwas spannend gestalten können. So können sie sich zum Beispiel selbst die Bewegungsübungen aussuchen, die sie machen wollen. Vielen Kindern bereitet es große Freude, wenn sie die Hausaufgabe mit einem besonderen oder bunten Stift schreiben dürfen. Sie haben selbst die Wahl, was sie zuerst erledigen. Vielleicht kann man auch der Lehrerin vorschlagen, sogenannte »Wochenhausaufgaben« zu geben. Hierbei wird ein Teil der Hausaufgabe am Montag gestellt und soll bis Freitag erledigt werden. Die Kinder lernen dabei wunderbar, sich ihre Arbeit einzuteilen, und sie haben das Selbstbestimmungsrecht, ob sie jeden Tag ein wenig machen oder alles an einem Tag, womit sie sich einen freien Tag verschaffen können.

Am besten ist es, Sie fragen Ihr Kind selbst, was es braucht, damit ihm die Hausaufgaben leicht von der Hand gehen und Spaß machen. Die Kinder haben oft ganz andere Ideen als wir. Es lohnt sich, sich gemeinsam einen neuen Weg zu suchen.

Veranschaulichung und mehr Freude mit Lernmaterialien

Lernen soll Freude bereiten, auch zu Hause. Kinder lieben es, wenn sie beim Lernen etwas tun können. Das macht mehr Spaß, und die Veranschaulichung eines Lernstoffs ist von größter Bedeutung, um sich einen neuen Sachverhalt einzuprägen. Gerade im Mathematikunterricht wird häufig sehr früh von den Kindern erwartet, dass sie bestimmte Rechenoperationen abstrakt, also im Kopf, lösen. Doch nicht umsonst greifen Kinder gerne auf ihre Finger zurück und rechnen mit ihnen. Wie viele Erwachsene gibt es, die auch schnell etwas mit den Fingern abzählen, den Kindern aber soll es sehr früh abtrainiert werden. Es wird als Schwäche angesehen. Dabei ist es ein sehr wichtiger Entwicklungsschritt, durch den die Kinder lernen, sich unter einer Zahlenmenge etwas vorzustellen. Sie müssen zahlreiche Male mit verschiedensten Lernmaterialien konkret umgegangen sein, um eine Menge wirklich begreifen zu können. Wie man mit wenig Aufwand selbst die passenden Materialien herstellen kann, um dem Kind etwas zum »Be-greifen« an die Hand zu geben, soll im Folgenden dargestellt werden. Bei diesen Vorschlägen handelt es sich um Ideen, die Sie weiterentwickeln und auf den Lernstoff Ihres Sprösslings anwenden können.

Ein kleiner Tipp vorneweg: Fotokarton eignet sich zur Herstellung der folgenden Lernmaterialien besser als Tonpapier, denn er ist stabiler und damit strapazierfähiger. Er lässt sich auch besser greifen. Eine andere Möglichkeit ist, die Materialien zu laminieren (in Folie einschweißen). Das kann man in den meisten Kopiergeschäften machen lassen.

Und noch etwas: Es ist schön, wenn die Lernmaterialien sehr genau und ansprechend gestaltet werden. Es lohnt, sich die Mühe zu machen, denn man merkt es diesen Lernhilfen an, ob sie schnell nebenbei oder mit Liebe angefertigt wurden. Die Kinder spüren den Unterschied und sind motivierter, mit schönem Material zu arbeiten, das sie gleichzeitig mit mehr Achtung behandeln, weil sie den Arbeitsaufwand zu schätzen wissen.

Mathematik

Gerade und ungerade Zahlen nach Maria Montessori (1. Klasse)

Um dem Kind die Begriffe »gerade« und »ungerade« zu veranschaulichen, braucht man nur ein paar Plastikchips, wie es sie in jedem Spielwarengeschäft zu kaufen gibt. Diese werden dann folgendermaßen ausgelegt:

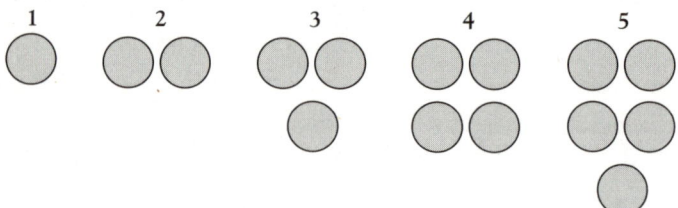

usw. bis zur Ziffer 10

Wenn man nun mit dem Finger von oben nach unten zwischen den Chips »durchfährt«, ergibt sich bei den Ziffern »2« und »4« eine gerade Linie, bei den Ziffern »1«, »3« und »5« eine ungerade Linie, weil man um den untersten Chip, der in der Mitte liegt, herumfahren muss.

So ist es für das Kind sehr leicht verständlich, welche Zahlen gerade und welche ungerade sind, es kann sich ein Bild davon machen und braucht es nicht auswendig lernen. Wenn es das vergessen sollte, kann es sich selbst helfen, indem es die Übung noch einmal durchführt oder sich das Bild im Kopf wieder herholt.

Addition und Subtraktion nach Maria Montessori (1. bis 4. Klasse)

Dieses Lernmaterial veranschaulicht Addition und Subtraktion hervorragend. Der Zehnerübergang, der vielen Kindern lange Zeit Schwierigkeiten bereitet, weil sie ihn nicht begreifen, wird zu einem Spiel.

Ich zeige das Material im Folgenden am Beispiel des Zahlenraums bis 1000 auf. Wenn das Prinzip klar ist, kann man es problemlos selbst weiterführen.

Man benötigt dafür Fotokarton in den Farben Grün (für die Einer), Blau (für die Zehner) und Rot (für die Hunderter). Aus diesem werden jeweils Quadrate mit etwa 3 cm Seitenlänge ausgeschnitten.

Auf die grünen Quadrate wird jeweils die Ziffer »1« geschrieben, auf die blauen »10« und auf die roten »100«. Bei 1000 beginnt man wieder mit der Farbe Grün. Man sollte von jeder Kategorie mindestens 20 Plättchen haben.

Nun kann beispielsweise die Aufgabe 321 + 263 folgendermaßen gelegt werden:

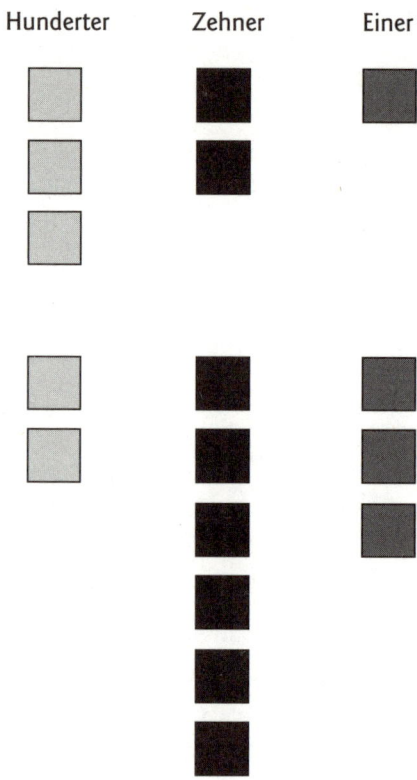

Wenn man nun die Kärtchen der beiden Teilmengen zu-
sammenschiebt, bekommt man das Ergebnis. Das Kind
kann ganz einfach durch Zählen das Ergebnis ablesen.
Der Begriff »zusammen-zählen« wird hier sehr anschaulich und einsichtig.

Nun noch eine Aufgabe mit Zehnerübergang: 128 + 344.
Wieder werden die Kärtchen ihrem Stellenwert entsprechend (Hunderter, Zehner, Einer) ausgelegt.

Hunderter	Zehner	Einer

Die Kärtchen werden zur Addition zusammengeschoben. Das Kind beginnt zu zählen und kann das Ergebnis nicht direkt ablesen, da es zu viele Einer sind. Man kann dem Kind gut erklären, dass immer nur höchstens neun Blättchen in einer Reihe liegen dürfen. Wenn es zehn Blättchen sind, darf das Kind zur »Bank« gehen und diese gegen Kärtchen aus der nächsthöheren Kategorie, in diesem Fall einen Zehner, einlösen. Die restlichen Einer bleiben liegen. An ihnen kann das Ergebnis abgelesen werden.

Die Kinder mögen dieses Spiel gerne und der Zehnerübergang wird sehr deutlich veranschaulicht. Es ist egal, ob man Rechnungen im Zahlenraum bis 20 oder bis zur Million legt, das Prinzip ist immer dasselbe.

Die Kinder bekommen einen guten Einblick in das Stellenwertsystem. Wenn sie viele Aufgaben nach diesem Schema gelegt haben, kommen sie von selbst an den Punkt, dass ihnen das Legen zu mühsam wird und sie verkünden, dass das im Kopf viel schneller geht.

Bei der *Subtraktion* geht man ebenso vor. Man legt die Zahl, von der abgezogen werden soll, und nimmt davon die Menge weg, die der Zahl entspricht, die man abziehen möchte. Das, was übrig bleibt, ist das Ergebnis. Wieder ist der Zehnerübergang sehr anschaulich, denn wenn ich zum Bespiel von der Zahl 126 sieben Einer abziehen möchte, liegen diese nicht da. Ich muss mit einem Zehner zur »Bank« gehen und bekomme dafür zehn Einer. Nun kann ich die entsprechende Anzahl von Einern abziehen und zur Seite legen.

Es können beispielsweise die Aufgaben, die als Hausaufgabe zu erledigen sind, zuerst mit Material gelegt und dann ins Heft geschrieben werden. Wenn zusätzlich geübt werden soll, bietet es sich an, dem Kind Aufgabenkarten anzufertigen, bei denen auf der Vorderseite die Rechnung und auf der Rückseite das Ergebnis steht. So können die Kinder sich selbst kontrollieren. Eine andere Variante ist, dass das Kind sich selbst Aufgaben stellt und aufschreibt, die dann gemeinsam mit den Eltern oder mit dem Taschenrechner (welcher einen hohen Motivationscharakter besitzt) kontrolliert werden. Es macht den Kindern unglaubliche Freude, wenn sie sich selbst Aufgaben stellen dürfen, und sie werden angeregt, sehr fleißig zu üben.

Übungen zum Einmaleins (ab der 2. Klasse)
Das Einmaleins wird mittlerweile im Mathematikunterricht gemeinsam mit den Kindern sehr logisch erarbeitet, sodass die Kinder es sich selbst herleiten können. Das sture Auswendiglernen ist nicht mehr notwendig. Dennoch bedarf es der wiederholten Übung, damit es sicher sitzt und schnell abrufbar ist. Diese kann man mit wenig Aufwand spielerisch gestalten.

Einmaleins-Deckel
Sie brauchen 100 Drehverschlüsse von Wasserflaschen (Wasser zu trinken ist ja zum Glück auch wichtig zum Lernen ...).

Darauf werden außen und innen selbstklebende Punkte geklebt. Diese gibt es in verschiedenen Farben im Schreibwarenhandel. Die Außenseite des Deckels wird mit der Einmaleins-Aufgabe beschriftet, die Innenseite mit dem Ergebnis.

Die Deckel werden nun alle mit der Aufgabe nach oben auf dem Boden oder auf dem Tisch ausgelegt. Das Kind sucht sich eine Aufgabe aus, sagt das Ergebnis und kontrolliert auf der Deckelinnenseite.

Die Selbstkontrolle ist ein wichtiger Bestandteil dieser Übungen. Man könnte annehmen, dass Kinder sich dabei selbst beschummeln und ohne zu rechnen das Ergebnis nachschauen. Wenn dem Kind jedoch klar ist, dass die Übung wichtig ist, hat es einen inneren Ehrgeiz, es alleine zu schaffen.

Einmaleins-Kärtchen

Man kann auch die Einmaleins-Aufgaben auf kleine bunte Kärtchen aus Fotokarton schreiben und ein Spiel damit machen. Auf einer Seite steht die Aufgabe, auf der Rückseite das Ergebnis. Die Kinder können die Karten selbst beschriften, dann sind sie miteinbezogen und werden sich mehr mit den Karten identifizieren.

Zwei Kinder (zur Not tut es auch ein Erwachsener!) sitzen sich gegenüber, jeder bekommt gleich viele Karten. Immer ein Kind zeigt seine Karte so, dass das auf der gegenüberliegenden Seite sitzende Kind die Aufgabe lesen und laut lösen kann. Wenn die Antwort richtig ist, darf das Kind, das gerechnet hat, die Karte behalten. Dann wird gewechselt. Oder ein Kind darf so lange rechnen, bis ihm ein Fehler unterläuft, und erst dann darf der Nächste. Mal sehen, wer am Ende mehr Karten hat ...

Durch das laute Sprechen prägen sich die Aufgaben zusätzlich über das Gehör ein.

Noch ein Tipp: Die Kärtchen und Verschlüsse können ordentlich und übersichtlich in einer Sortierschachtel für Nägel, wie es sie im Baumarkt gibt, aufbewahrt werden.

Deutsch

Buchstaben kennenlernen (1. Klasse)
Wenn Kinder die Buchstaben kennenlernen, kann man sie ihnen aus Sandpapier ausschneiden und auf einen festen Karton kleben. So können sie die Buchstaben mit dem Finger nachfahren und sie sich gut einprägen.

Eine andere Möglichkeit ist, einen Buchstaben auf Papierkärtchen vorzuschreiben. Das Kind kann ihn dann mit Fingerfarben »nachtupfen«.

Schön ist es auch, ein paar Dinge zum Essen auszuwählen, die mit dem jeweiligen Buchstaben anfangen, zum Beispiel eine Tomate für den Buchstaben »T, t«. So kann das Kind den Buchstaben auch »schmecken«, vielleicht sogar mit verbundenen Augen, damit es herausfinden muss, um was es sich handelt. Natürlich kann man die Buchstaben auch backen, entweder aus Salzteig, um sie im Zimmer aufzuhängen, oder aus Hefeteig zum Genießen.

Man kann sie auch mit Klebeband auf den Boden kleben oder mit Straßenkreiden vor dem Haus aufmalen. Bei dieser Form können die Kinder die Buchstaben ablaufen und sie sich durch die Bewegung einprägen.

Das Schöne an all diesen Übungen ist, dass die verschiedenen Sinne angesprochen werden. Bewegung unterstützt ebenfalls die Gehirntätigkeit, sodass sich die Buchstaben leichter einprägen. Und Freude bereitet es mit Sicherheit auch!

Wer ein bisschen mehr Aufwand betreiben möchte, kann auch eine »Buchstabenkommode« anfertigen. Hierzu eignen sich Nagelkästchen aus dem Baumarkt. Auf jede kleine Schublade werden außen in alphabetischer Reihenfolge die Buchstaben geschrieben. In die Schublade kommen kleine Gegenstände, die mit diesem Buchstaben anfangen. So entsteht eine Anlauttabelle[*] zum Anfassen. Gerade für Kinder, die Schwierigkeiten haben, sich die Buchstaben einzuprägen, kann das eine wertvolle Merkhilfe sein.

Wortarten (ab 2. Klasse)
Die Kenntnis der Wortarten begleitet die Kinder durch ihre gesamte Grundschulzeit. Sie sind immer wieder Teil des Unterrichtsstoffs und sollten von Anfang an gut geübt werden. Sie bilden eine wichtige Grundlage für das sich entwickelnde Sprachverständnis.

Gemeinsam mit Ihrem Kind können Sie eine »Wortschatztruhe« anlegen, also beispielsweise eine schöne, selbst gestaltete Schachtel, in der alle möglichen Wörter gesammelt werden. Dazu können die Lernwörter aus dem Rechtschreibunterricht gehören, die man auf Karteikarten schreibt, oder aus der Zeitung ausgeschnittene Wörter. Kinder mögen Wörter und sie sammeln gern. So kann man das Nützliche mit dem Spaßigen verbinden.

---

[*]   Übersicht für Kinder, auf der immer ein passendes Bild dem einzelnen Buchstaben zugeordnet ist und mit der viele Grundschulen arbeiten.

Außerdem benötigt man zunächst einmal vier Behältnisse. Es bieten sich Blumenuntersetzer aus Plastik an, die man innen mit Tonpapier beklebt, auf das man die entsprechende Wortart schreibt (zum Beispiel Namenwörter, Tunwörter, Wiewörter und sonstige Wörter). Die Zahl der Behältnisse wird entsprechend erweitert, wenn weitere Wortarten hinzukommen. Die Farbe des Tonpapiers wählt man am besten der in der Schule verwendeten Farben für die jeweiligen Wortarten entsprechend.

Nun kann das Kind die Wörter aus der Schatztruhe in die verschiedenen Behältnisse sortieren. Die Kontrolle erfolgt in diesem Fall entweder gemeinsam mit einem Erwachsenen oder man macht sich die Mühe und schreibt die Wortart auf die Rückseite der Kärtchen.

Zusätzlich können die Wörter auf farbige Plakate geklebt und im Zimmer aufgehängt werden. So sind sie immer für das Kind sichtbar und prägen sich gut ein.

Satzglieder (4. Klasse)

Um die Satzglieder zu üben, können Beispielsätze auf Papierstreifen geschrieben werden. Wenn das Kind noch Schwierigkeiten hat, sie selbst zu erkennen, kann der Erwachsene die Sätze an den entsprechenden Stellen auseinanderschneiden. Das Kind ordnet nun die Satzglieder immer wieder neu und bildet damit verschiedene Sätze.

Im nächsten Schritt schneidet das Kind selbst die Sätze auseinander. Zusätzlich kann man eine Tabelle und Kärtchen anfertigen, auf denen die Bezeichnungen für die einzelnen Satzglieder stehen. Nun ordnet das Kind seine ausgeschnittenen Satzteile zu. Es ist wichtig, dass die Bezeichnung der Satzglieder als lose Kärtchen vorhanden sind, sodass sie je nach Satz in der entsprechenden Reihenfolge gelegt werden können.

Beispiel:

Satz- gegen- stand	Satz- aussage	Satzer- gänzung 3. Fall	Satzer- gänzung 4. Fall	Zeit- angabe	Orts- angabe
Vater	isst	mit seinem Sohn	ein Schnitzel	am Abend	in der Küche

Noch eine Variante, die Freude macht: Die einzelnen Satzglieder werden auf größere Karten geschrieben und an mehrere Kinder oder Familienmitglieder verteilt. Nun können sich alle Mitspieler immer wieder in eine andere Reihenfolge stellen und so neue Sätze bilden.

WEITERE
UNTERSTÜTZENDE
MASSNAHMEN

Um Ihr Kind optimal fördern und unterstützen zu können, ist es sinnvoll, auch das ganze Umfeld mitzubetrachten. Denn das Kind soll ganzheitlich wahrgenommen werden.

Im Folgenden möchte ich mit einigen Ideen ein paar Gedankenanstöße geben. Im Rahmen dieses Buches ist es nicht möglich, alle aufgeführten Methoden und unterstützenden Maßnahmen vollständig zu präsentieren. Es sollen vielmehr verschiedene Möglichkeiten aufgezeigt und Ihre Neugier geweckt werden. Vielleicht fühlen Sie sich ja zu dem einen oder anderen Punkt mehr hingezogen und Sie möchten in diese Thematik tiefer einsteigen. Dazu finden Sie im Anhang passende Literaturhinweise.

Ernährung

Wasser – eine wichtige Grundlage

Unser Körper besteht in etwa zu 70 Prozent aus Wasser, der Wasseranteil im Gehirn liegt Schätzungen nach sogar bei 90 Prozent. Dass Wasser lebensnotwendig für uns ist, ist klar, dennoch versorgen wir meistens unseren Körper nicht ausreichend mit diesem unscheinbar wirkenden Lebenselixier. Dr. Batmanghelidj, ein iranischer Arzt, beschreibt in seinem Buch *Sie sind nicht krank, sie sind durstig* sehr anschaulich, welche Auswirkungen es haben kann, wenn wir nicht genügend Wasser zu uns nehmen. Viele Menschen haben den Eindruck, dass sie sich ausreichend mit Flüssigkeit versorgen. Doch es geht nicht darum, irgendwelche Getränke zu sich zu nehmen, sondern wirklich Wasser, das der Körper sofort aufnehmen kann und das die Zellen direkt mit neuer Vitalität versorgt. Schwarztee, Kaffee und zuckerhaltige (dazu gehören auch Zuckeraustauschstoffe) Erfrischungsgetränke und Limonaden entziehen dem Körper Wasser, d.h. sie sind an dieser Stelle kontraproduktiv. Fruchtsäfte zählen zu den Nahrungsmitteln und dienen nicht dazu, den täglichen Wasserbedarf zu decken. Dieser besteht aus gut 30 ml pro Kilogramm Körpergewicht. Die errechnete Menge sollte in Viertel- oder Halbliterrationen über den Tag verteilt getrunken werden. Es bedarf ein bisschen Routine, sich an das regelmäßige Trinken zu gewöhnen. Ich habe für mich immer wieder beobachtet, dass ich gerade in Stress-Phasen völlig vergesse zu trinken. Obwohl der Wasserbedarf gerade dann besonders erhöht ist. Nach Stunden bin ich erstaunt, warum ich mich so erschöpft und abgeschlagen fühle. Es ist wichtig, den Körper beständig ausreichend mit Wasser zu versorgen und nicht erst ein Durstgefühl abzuwarten, denn dann ist der Mangel bereits vorhanden.

Wasser zu trinken ist reine Gewohnheit, die uns auf ganz einfache Weise das Leben sehr erleichtern kann, denn Dinge gehen so leichter von der Hand, die Konzentration nimmt zu, die Stimmung steigt an. Der Körper ist wesentlich leistungsbereiter und das Gemüt lebenslustiger. Probieren Sie es aus, der Aufwand ist nur gering, dafür aber der Nutzen groß!

Nun aber zu den Kindern. Auch für sie ist es unerlässlich, ausreichend Wasser zu trinken. Gerade in der Schule oder bei den Hausaufgaben sind sie meistens sehr angestrengt. Sie brauchen all ihre Konzentration, um sich auf die interessanten und auch weniger beliebten Themen und Übungen einzulassen. Auf jedem Tisch sollte sowohl in der Schule als auch zu Hause ein Glas Wasser stehen. Es ist häufig kein Wunder, dass Kinder unruhig, unkonzentriert und aufgewühlt sind, wenn ihr Körper, anstatt ausreichend mit Wasser versorgt zu sein, mit dem Abbau von süßen Getränken beschäftigt ist. Auch die allseits beliebte Apfelschorle sollte durch Wasser ersetzt werden. Es kann sein, dass sich Ihr Kind anfangs wehrt, wenn es Wasser trinken soll. Es handelt sich aber nur um eine Übergangsphase, man gewöhnt sich schnell daran.

Noch ein kleiner Hinweis für alle, die offen für Neues sind: Der Japaner Masaru Emoto hat sehr interessante Untersuchungen angestellt, bei denen er herausfand, dass gefrorenes Wasser unterschiedliche Kristalle bildet, je nachdem, mit welcher Information es versehen wird. So kann man Wasser zum Beispiel positiv aufladen, indem man es in ein Glas füllt, auf das man »Liebe« oder andere für einen wertvolle Worte schreibt. In diesem Fall bildet das Wasser wunderschöne, formvollendete Kristalle. Im Gegensatz dazu versah Emoto auch Gläser mit negativen Botschaften. Das Wasser bildete keine klaren Strukturen heraus. In seinem Buch *Die Botschaft des Wassers* lassen sich die unterschiedlichen Kristallbildungen genauer anschauen. Es lohnt sich.

Um diese Methode Kindern zugänglich zu machen, kann man gemeinsam mit ihnen Untersetzer gestalten, auf die man zum Beispiel Mandalas oder Tiere malt und diese mit den gewünschten Botschaften versieht. Der

Fantasie sind keine Grenzen gesetzt und ich bin sicher, dass die Kinder mit viel Freude sehr kraftvolle Wasserglasuntersetzer kreieren werden.

Die Bedeutung von energiereichen Nahrungsmitteln

Das, was in den durchschnittlichen deutschen Haushalten auf den Frühstückstisch kommt, sieht in verschiedensten Varianten ungefähr wie folgt aus:

Ein Brot oder ein Brötchen (für die, bei denen sich ein Abgesandter der Familie in der Früh schon zum Bäcker aufraffen kann ...) mit Honig, Marmelade oder Nutella. Wer es morgens deftig mag, entscheidet sich eher für Wurst und Käse, vielleicht noch ein Ei dazu. Manchmal gibt es noch Cornflakes und/oder Fertigmüsli.

Das ist jetzt nicht grundsätzlich schlecht, denn so frühstücken wir Deutschen nun mal, dennoch ist es ein bisschen eintönig und vor allem wenig nahrhaft. Wenn das Brot dann noch eher aus Weißmehl besteht oder es sich um Toastbrot handelt, ist die Energieversorgung des Körpers nur sehr kurzfristig gewährleistet. Direkt nach dem Essen fühlt man sich dann müde und behäbig und trotzdem ist der Hunger in null Komma nichts wieder da.

Um den Tag voller Tatendrang starten und ausdauernd konzentriert arbeiten zu können, brauchen wir ein energiereiches, lang anhaltendes Frühstück. Vollwertgetreide in verschiedensten Varianten ist dafür ideal. Es enthält alle wichtigen Mineralstoffe und langsam abbaubare Mehrfachzucker. Diese ermöglichen es, den Körper längerfristig zu sättigen und rundum gut zu versorgen. Die chinesische Ernährungslehre nach den Fünf Elementen liefert hierzu sehr interessante Informationen. Für diejenigen, die sich näher damit befassen wollen, finden sich im Anhang Literaturhinweise.

Zusätzlich sollte darauf geachtet werden, dass die Ernährung den Jahreszeiten entspricht. So bietet sich im Winter ein warmes Frühstück an, damit der Körper die Nahrung nicht erst selbst erwärmen muss. Die beigefügten Obstsorten sollten der Saison entsprechen.

Ich finde es für die Werteerziehung der Kinder sehr wichtig, ihnen das Bewusstsein zu vermitteln, dass Nahrungsmittel etwas Besonderes und Kostbares sind, da sie unseren Körper nähren. »Du bist, was du isst«, ist ein Leitspruch, den auch kleine Kinder schon verstehen können. Dazu bietet es sich an, einmal mit verbundenen Augen zu essen, um genauer schmecken zu können. Das bewusste Essen und Schmecken steht an erster Stelle und sollte wieder einen natürlichen Platz in den Familien finden.

In der schamanischen Tradition wird das Essen über die Hände gesegnet und energetisiert. Die Lehre besagt, dass sich somit der Körper und das Essen aufeinander einstimmen. Vielleicht gefällt Ihnen dieser Gedanke ja und sie wollen es einmal ausprobieren ...

Im Folgenden finden Sie nun einige Rezeptvorschläge. Diese sollten als eine Art Bausteinsystem verstanden werden, das individuell zusammengestellt werden kann. Ich möchte Sie damit anregen, selbst kreativ zu werden und Ihr persönliches Familienfrühstück zu entwerfen, zu verändern und beständig weiterzuentwickeln. So können Sie anstatt der unten genannten Getreidesorten ebenso Hirse, Buchweizen, Reis, Amaranth, Couscous, Kamut usw. verwenden und mit verschiedenem Obst, geraspelten Äpfeln, Nüssen, Rosinen (diese schmecken sehr gut, wenn man sie eine Viertelstunde in Apfelsaft einlegt), Vanille, Zimt, Kardamon, Kakao, Zitronensaft, ... zusammenstellen.

Auch im Mörser zerkleinerte Fenchelsamen geben eine feine und besondere Geschmacksnote und unterstützen die Verdauung. Man kann das Getreide auch gut nur in Wasser kochen und ausquellen lassen und danach das Müsli mit Joghurt, Milch, Sojamilch oder anderen Sojaprodukten vermengen. Probieren Sie gemeinsam mit Ihren Kindern aus, was besonders lecker ist, und genießen Sie die neue Vielfalt in der Frühstücksküche. Der Fantasie sind keine Grenzen gesetzt!

Auf den ersten Blick scheinen die Rezepte vielleicht zu aufwendig, besonders am frühen Morgen. Aber keine Angst: Manche von ihnen gehen wirklich sehr schnell. Bei anderen können Teile bereits abends vorbereitet werden. Die investierte Zeit ist von großem Nutzen. Das energiereiche Frühstück verleiht mehr Kraft, als es eine viertel oder halbe Stunde mehr Schlaf tun würde. Es geht »nur« um das Aufraffen ...

Noch ein kurzer Hinweis, bevor es ans Ausprobieren geht: Die Umstellung auf Vollwertkost sollte langsam und gemächlich passieren. Der Körper kann überfordert sein, wenn er von heute auf morgen nur noch vollwertige Nahrung bekommt. Es geht also wirklich um ein Ausprobieren, seinen Körper beobachten und langsam steigern. Und ab und zu ein gutes Honigbrötchen oder ein leckeres Salamibrot in der Früh tut der Seele doch auch gut, oder?

Rezepte für ein gehaltvolles Frühstück

Die ersten drei der folgenden Rezepte eignen sich hervorragend, wenn es schnell gehen soll.

Dinkelgrieß mit Obst
- Milch, Sojamilch oder Wasser erhitzen,
- Grieß einrühren,
- geschnittenes Obst der Saison zugeben,
- evtl. ein paar kleingemachte, getrocknete Aprikosen hinzufügen,
- gehackte Walnüsse beimengen,
- nach Bedarf mit Honig, Ahornsirup oder braunem Zucker süßen.

Porridge
- ½ Tasse Haferflocken in
- 1 Tasse Milch oder Sahne mit Wasser gemischt aufkochen und etwas ausquellen lassen. Die Flüssigkeitsmenge kann man nach Bedarf variieren, je nachdem, ob man den Haferbrei eher fester oder flüssiger mag.
- Nach Belieben süßen.
- Dazu schmecken frische Beeren.

Variante: Anstelle von Haferflocken kann man auch gut Polenta in das Wasser-Sahnegemisch einrühren und das ganze mit Obst genießen.

Tibetisches Tsampa (gibt es im Naturkostladen)
Es handelt sich hierbei um geröstete und fein gemahlene Gerste, die sich ganz einfach anrühren lässt und sehr nahrhaft ist.

▷ Banane quetschen und mit Joghurt o.ä. verrühren,
▷ evtl. etwas Wasser zugeben, um die Masse etwas zu verflüssigen.
▷ Nüsse, Trockenobst o.ä. zugeben.
▷ Nun das Tsampapulver untermengen und fertig ist eine bekömmliche und gut sättigende Mahlzeit.

Frischkornbrei

▷ Grob geschroteten Weizen und/oder andere Getreidekörner über Nacht (6–8 Stunden) abgedeckt einweichen lassen.
▷ Am Morgen geschlagene Sahne unterheben.
▷ geriebenen Apfel zugeben,
▷ mit Nüssen, Rosinen und frischem Obst ergänzen und
▷ evtl. mit Honig süßen.

Süßreis mit Obst

▷ Den Süßreis (Mochi, gibt es im Naturkostladen) am Abend nach Anweisung kochen (lässt sich auch gut in größeren Mengen für die Woche vorkochen und aufheben).
▷ Benötigte Menge Süßreis in Wasser oder Fruchtsaft erwärmen,
▷ getrocknete, geschnittene Datteln hinzufügen,
▷ geriebene oder kleingeschnittene Äpfel oder Birnen beimengen, mit Kardamon und Zimt abschmecken und nach Bedarf wie oben angegeben süßen.

Für diejenigen, die auf den Geschmack gekommen sind und nun doch auch gerne konkretere Rezepte zur Hand hätten, finden sich im Anhang Literaturhinweise.

Ich wünsche Ihnen einen guten Appetit und viel Freude im Umgang mit all den energiereichen, naturnahen und leckeren Nahrungsmitteln!

Das gesunde Pausenbrot und andere Zwischenmahlzeiten

Um dem Kind zu ermöglichen, energiegeladen und ausgeglichen durch den Schultag zu kommen, braucht es ein gesundes Pausenbrot. Immer wieder sind mir Kinder im Pausenhof begegnet, die mir stolz einen Schokoriegel entgegenhielten und mir erklärten, ihre Mama hätte gesagt, dass ein bisschen Zucker gut für die Konzentration wäre. Leider, leider hat jedoch Schokolade nicht diesen Effekt. Der Denkansatz, dass ein Kind in der Pause mit neuer Energie versorgt werden muss, ist richtig. Es sollte sich aber um lang anhaltende Energie handeln und nicht um die schnell verwerteten Einfachzucker, die Kindern zwar ein kurzes Energiehoch geben, das Loch danach aber umso größer werden lassen.

Wie kann nun ein gesundes Pausenbrot aussehen?

All die im vorherigen Kapitel aufgeführten Rezepte eignen sich ebenso als Pausensnack. Sie lassen sich gut in Plastikbehältern transportieren. Zusätzlich kann das Kind Obst, Rohkost oder Reiswaffeln zum Knabbern dabeihaben. Auch hier gilt wieder, dass es nicht fanatisch und extrem betrieben werden sollte und man dem Kind Abwechslung zugestehen sollte. Ein leichtes Vollkornbrot mit Frischkäse oder auch einmal mit Wurst, vielleicht ein Salatblatt und ein paar Sprossen dazu, ist ebenfalls eine gute Kraftquelle. Wenn ein Kind, das sich für gewöhnlich gut ernährt, einmal einen Kuchen mitbringt, dann ist das natürlich genauso in Ordnung. Und so wird dieser sogar zu etwas ganz Besonderem. Es geht um die grundsätzliche Haltung.

Als sehr nahrhaft gilt übrigens *Essener Brot*. Da es aus angekeimtem Getreide unter sehr schonenden Trockenvorgängen hergestellt wird, enthält es viele Mineralien und Vitamine. Man kann es auch in Stangenform kaufen, sodass es sich von Kindern leicht nebenbei knabbern lässt. Eine gute Ergänzung zum gesunden Pausenbrot oder als Zwischensnack! Es lässt sich über das Internet bestellen.

Natürlich ist auch die Vorbildwirkung innerhalb der Klasse ganz besonders wichtig. Ein gemeinsam zubereitetes Frühstücksmüsli oder gemeinsam belegte Brote schmecken natürlich viel besser als das von zu Hause Mitgebrachte. Ich denke, die meisten Lehrkräfte stehen dieser Thematik sehr offen gegenüber und initiieren in vielen Fällen von sich aus solche Klassenaktionen, durch die die Kinder lernen, was ihnen guttut und gleichzeitig schmeckt.

Mir ist klar, dass Kinder ihren eigenen Geschmack haben und nicht unbedingt das essen wollen, was die Eltern ihnen anbieten. Da ist manchmal wirklich viel Kreativität und Klarheit auf Seiten der Eltern gefragt, den Kindern trotz eigener Vorlieben eine gesunde und ausgewogene Ernährung angedeihen zu lassen.

Die oben genannten Rezepte und all ihre Variationen bieten sicherlich für jeden Geschmack etwas. Den Kindern ist es wichtig, dass sie miteinbezogen werden. Wenn sie dann ihr eigenes Müsli erfunden haben, vielleicht sogar gemeinsam mit Freunden, schmeckt es mit Sicherheit ganz besonders gut. Und die vorhandenen Zutaten in der Küche bestimmen schließlich Sie!

Süßigkeiten ja, aber in Maßen und zum richtigen Zeitpunkt

Süßigkeiten sind für jeden, der mit Kindern zu tun hat, ein Thema. Viele Eltern machen sich Gedanken darüber. Sie sind unsicher, wie viel Süßes Kinder essen dürfen. Die Großeltern wollen den Kindern etwas Gutes tun, sie ein bisschen verwöhnen und die meisten Kleinen wissen ganz genau, in welchem Schrank sich der Schokoladenvorrat befindet.

Es ist nicht einfach, einen gesunden Umgang mit Süßigkeiten zu finden. Beide Extreme führen über kurz oder lang zu Problemen. Kinder, die nie Süßes essen dürfen, neigen dazu, es heimlich zu tun, sobald die Eltern außer Sichtweite sind. Auf der anderen Seite ist es auch kein Weg, dem enormen Süßigkeitenangebot unbedacht Tür und Tor zu öffnen. Man braucht nur mit kleinen Kindern einkaufen gehen – in kaum einem Laden werden sie nichts Süßes geschenkt bekommen. Um als Eltern in die Verantwortung zu gehen, muss man sich deshalb eine gute Lösung einfallen lassen. Dazu ist es erst einmal wichtig, sich Folgendes zu vergegenwärtigen:

Süßigkeiten sind Genussmittel und keine Nahrungsmittel und als solche sollten sie auch ihren Platz im Essens-
plan finden. Es kommt auf die richtige Dosis an. Wenn
ich zum Mittagessen eine Schachtel Kekse verdrücke, weil
ich zu faul zum Kochen bin, dann tut das meinem Körper
nicht gut. Nach einem feinen, nahrhaften Essen ist ab und
zu ein gutes Stück Schokolade, das ich mit Freude und
Genuss esse und nicht mit schlechtem Gewissen schnell
hinunterschlinge, eine echte Bereicherung. Wichtig ist es
außerdem, darauf zu achten, dass keine Abhängigkeiten
entstehen. Wenn es nach jedem Mittagessen einen süßen
Nachtisch gibt, gewöhnt sich der Körper daran und for-
dert sein Recht darauf auch ein. Regelmäßigkeiten sollten
in jedem Fall vermieden werden. Ein Kind, das insgesamt
ausgewogen ernährt ist, hat im Normalfall keinen Heiß-
hunger auf Süßes. Gerade eine getreidereiche Ernährung
versorgt den Körper so umfassend und nachhaltig, dass
die sogenannten »Unterzuckerlöcher«, die uns zu über-
mäßigem Süßigkeitenverzehr animieren, erst gar nicht
entstehen. Es gibt viele leckere Rezepte für süße Getrei-
deaufläufe, die eine gute Alternative zu Süßigkeiten sind.
Ab und zu ein selbstgebackener Kuchen ist ebenfalls eine
feine Sache.

Ich habe einige bewusst lebende Familien befragt, wie
sie mit dem Süßigkeitenkonsum ihrer Kinder umgehen.
Im Folgenden ein paar Tipps und Anregungen:

× Alle Süßigkeiten, die die Kinder im Laufe der Zeit
  geschenkt bekommen haben, werden in einer Schatz-
  kiste gesammelt und diese darf nur sonntags oder am
  Wochenende geplündert werden.

× Jedes Kind hat ein eigenes Gefäß mit Süßem und es

darf sich jeden Tag mittags nach dem Essen eine Kleinigkeit aussuchen.

× Süßes darf nur gegessen werden, wenn vorher auch
Obst gegessen wurde.

Jede Familie muss einen für sie stimmigen Weg finden. Es
gibt keine einzig richtige Lösung. Es soll bei den Kindern
ein Bewusstsein geschaffen werden. Wir dürfen ihnen dabei sehr viel mehr zutrauen, als wir oft meinen. Ich habe
schon mehrfach erlebt, dass Kinder, die auf irgendetwas
allergisch reagieren, bei einem Kindergeburtstag in der
Schule von sich aus verzichten, wenn sie wissen, dass ihnen der Kuchen nicht guttut.

Kinesiologische Übungen

Die sogenannte »Edu-Kinestetik« (lat. *educare*: herausholen; griech. *kinesis*: Bewegung. Also: durch Bewegung
das dem Kind innewohnende Potenzial herausholen) ist
ein Teilbereich der Angewandten Kinesiologie. Es handelt sich hierbei um eine ganzheitliche Methode, entwickelt von dem amerikanischen Chiropraktiker Dr. George
Goodheart, die mit einer Vielfalt von Methoden Körper,
Geist und Seele in Einklang bringen kann.

    Der amerikanische Pädagoge Dr. Paul Dennison ent-
wickelte unter dem Namen »Brain Gym« eine Reihe von
Übungen, die helfen, Stress und Blockaden ab- und Konzentration aufzubauen.

Die im Folgenden vorgestellten Übungen sind leicht umzusetzen. Sie bieten die Möglichkeit, eine Basis aufzubauen, auf der besser gelernt werden kann.

Wie können Sie nun ganz konkret feststellen, ob bei Ihrem Kind beide Gehirnhälften gut zusammenarbeiten oder nicht? In der folgenden Tabelle wird ersichtlich, welche typische Denkart man den beiden Seiten zuordnet. An den jeweiligen Zuordnungen können Sie bereits erkennen, welche Eigenschaften Sie an Ihrem Kind eher feststellen können.[*]

Linke Gehirnhälfte	Rechte Gehirnhälfte
× Denkt logisch, analytisch, abstrakt. × Nimmt Einzelheiten wahr und analysiert zum Beispiel ein Gemälde. × Trennt Wörter und Gedanken. × Interessiert sich für Regeln und Strukturen. × Plant gerne und ist zukunftsorientiert.	× Denkt ganzheitlich, kreativ, emotional. × Erfasst das Gesamte und genießt ein Bild als Ganzes. × Nimmt Wörter und Gedanken in Verbindung auf. × Nimmt assoziativ wahr, erinnert sich an Gefühle. × Lebt zeitlos und im Augenblick.

Damit Lernen erfolgreich stattfinden kann, müssen beide Gehirnhälften gut zusammenarbeiten.

Weitere Signale für die Dominanz der rechten Gehirnhälfte können sein:

---

[*] In Bezugnahme auf Barbara Innecken: *Kinesiologie – Kinder finden ihr Gleichgewicht*, München, 5. Aufl. 2008

× Ihr Kind ist enorm kreativ und blockiert seine Arbeit, sobald es in Zeilen schreiben soll.

× Das Kind legt sein Heft nicht in die Mitte vor sich, sondern es sitzt immer rechts oder links davon. Dies ist ein Merkmal dafür, dass das Kind die Mittellinie nicht überschreiten möchte.

× Hat das Kind eine ordentliche, strukturierte Schrift oder fallen die Buchstaben eher scheinbar beliebig nach links und rechts?

× Wie hält das Kind seinen Stift, eher gerade oder verdreht es die Hand nach innen?

× Ihr Kind verwechselt oft links und rechts.

Vor allem in Stresssituationen wird häufig die dominante Seite besonders aktiv. So kann es einem »rechtshirnigen« Kind in einer Prüfung passieren, dass es keine Einzelheiten erfassen kann, um eine Aufgabe zu bearbeiten. Es nimmt zum Beispiel einen Text nur als Ganzes wahr und kann die wichtigen Informationen nicht herausfiltern. In der Schule sind es eher die »Rechtshirner«, die Schwierigkeiten haben. Unser Schulsystem ist trotz aller modernen Lernmethoden doch noch sehr häufig auf die linke Gehirnhälfte ausgerichtet. Die Kinder, die ihre Dominanz in diesem Bereich haben, können sich leichter darin zurechtfinden.

Die kinesiologischen Übungen sind keine Allheilmethode. Sie können jedoch helfen, ein besseres inneres Gleichgewicht herzustellen. Zudem geben sie den Kindern eine Möglichkeit an die Hand, wie sie sich in Stresssituationen und in Momenten mangelnder Konzentration selbst helfen können.

Bei jeder Übung habe ich aufgeführt, welchen Zweck sie erfüllt, sodass individuelle Übungsreihen zusammengestellt werden können.

Am Anfang jeder Übungsreihe steht immer:
Wasser trinken, Wasser trinken und Wasser trinken!

Überkreuzbewegung
Bei dieser Übung werden beide Gehirnhälften aktiviert und ihre Verbindung stabilisiert.

Hierzu zieht man das linke Knie hoch und berührt es dabei mit der rechten Hand (später kann auch der Ellbogen eingesetzt werden). Dann werden die Seiten gewechselt. Der jeweils freie Arm schwingt gegengleich nach hinten.

Man kann die Übung auch sozusagen nach hinten durchführen. Dabei berühren sich Fußsohle und Hand gegengleich hinter dem Körper.

Die Übung kann hüpfend, in Zeitlupe, mit Musik oder im Sitzen durchgeführt werden. Wichtig ist, dass es nicht langweilig wird und immer wieder neue Varianten eingesetzt werden.

Schwerkraftgleiter
Die Beine sind im Stehen bei den Fußknöcheln überkreuzt. Nun beugt das Kind den Oberkörper nach vorne und lässt sich hängen. Die Arme gleiten in alle Richtungen am Boden entlang, sodass das Gleichgewicht nicht verloren wird. Mit dem Einatmen wird der Körper parallel zum Boden angehoben. Mit dem Ausatmen gleitet der Oberkörper wieder nach unten. Die Übung sollte dreimal

wiederholt werden, dann werden die Beine gewechselt. Sie unterstützt den Gleichgewichtssinn und verhilft so zu mehr Selbstsicherheit und Stabilität. Außerdem fördert sie den Selbstausdruck und die visuelle Aufmerksamkeit.

Tipp: Um alle drei Dimensionen des Gehirns (rechts/ links, oben/unten, vorne/hinten) miteinander zu integrieren, kann man die einfache Überkreuzbewegung vorne, den Schwerkraftgleiter und die Überkreuzbewegung hinten miteinander verbinden.

Liegende Acht

Die Liegende Acht ist sozusagen eine waagrechte Acht bzw. ein Unendlichkeitssymbol. Sie wird in die Luft gemalt, während die Augen der Linie folgen. Der Mittelpunkt liegt in Augenhöhe. Die linke Hand sollte beginnen und die liegende Acht nach links oben in die Luft malen. Mindestens dreimal, öfter schadet nicht.

Liegende Achter können auch auf Papier vorgezeichnet und nachgefahren werden. Die Übung fördert das flüssige Lesen und Schreiben und verbessert das Schriftbild.

Simultanzeichnen

Die Kinder malen mit beiden Händen gleichzeitig und symmetrisch in die Luft oder auf ein Papier, dessen Größe variiert werden kann. Es sollte auf dem Tisch befestigt sein. Bei dieser Übung geht es nicht etwa um das Darstellen von realen Formen, sondern um die Freude am Experimentieren. Sie unterstützt das Schreiben, Buchstabieren und Rechnen.

Elefant

Der Kopf wird an die linke Schulter angelehnt, der linke Arm zeigt nach vorne und malt eine liegende Acht in die Luft. Der Blick ist dabei in die Ferne gerichtet. Danach wird die Seite gewechselt.

Man kann auch Lernwörter oder Einmaleins-Aufgaben »mit dem Rüssel« in die Luft malen, um sie sich besser merken zu können. Der »Elefant« unterstützt das Zuhören und Verstehen, das Sprechen und Buchstabieren.

Wadenpumpe

Das Kind hält sich an einer Wand oder Stuhllehne fest, ein Bein ist nach hinten gestreckt, das Knie des anderen Beines ist gebeugt. Der Oberkörper ist leicht nach vorne geneigt. Das Gewicht liegt auf dem vorderen Fuß. Die Ferse des hinteren Fußes ist angehoben. Während der Übung wird das Gewicht auf den hinteren Fuß verlagert und die Ferse auf den Boden gedrückt. Dabei wird ausgeatmet. Jede Seite dreimal dehnen und dann das Bein wechseln.

Die Übung aktiviert und steigert die Motivation. Auch die Fähigkeit, eine Aufgabe zu Ende zu führen, wird gestärkt. Die Übung unterstützt das ausdrucksvolle Sprechen und das Erlernen von Sprachen.

Energiegähnen

Die Kinder dürfen nach Herzenslust gähnen und sich dabei mit beiden Händen das Kiefergelenk massieren. Laute Gähngeräusche sind erlaubt. Drei- bis sechsmal wiederholen.

Das Energiegähnen ist eine gute Übung, um den Körper mit mehr Sauerstoff zu versorgen und die Kiefermuskulatur zu entspannen. Diese zählt häufig zur verspanntesten Muskulatur im ganzen Körper. Eine Lockerung in diesem Bereich bewirkt entspannteres Sehen und Denken. Sie fördert zudem das laute Lesen, das kreative Schreiben und das Sprechen, Singen und Musizieren.

Denkmütze

Hierbei werden die Ohren mit Daumen und Zeigefinger leicht von innen nach außen massiert. Dabei oben beginnen. Beide Ohren können gleichzeitig massiert werden.

Die Übung fördert das Hörverstehen, das Buchstabieren und das Sprechen, Singen und Musizieren. Sie kann auch gut mit dem Energiegähnen kombiniert werden.

Wenn man die Übungen übrigens mit Musik verbindet, machen sie doppelt so viel Spaß. Es lohnt sich, sie als Erwachsener mitzumachen. Schließlich kann auch unser Alltag etwas Entspannung und unser Gehirn etwas Aktivierung gebrauchen!

Die Übungen sollen nicht zum lästigen Pflichtprogramm werden. Sie sollen Spaß machen und motivierend wirken. Die Kinder können ihr eigenes Übungsprogramm zusammenstellen. Hilfreich ist auch ein Kartenspiel mit den Übungen, zum Beispiel das von Beate Walter: *Brain Gym*. Sie können natürlich auch zusammen mit Ihren Kindern selbst eins basteln. So kann das Kind sich jeden Tag drei oder fünf Übungen ziehen und diese vor den Hausaufgaben machen.

Visualisierungsübungen und Fantasiereisen

Die Fantasie und die Welt der Gedanken sind eine unerschöpfliche Quelle der Kraft, wenn man versteht, sie richtig einzusetzen. Oft erleben wir ihre Macht im negativen Sinn, wenn wir uns mögliche Situationen in den schlimmsten Farben ausmalen. Ein kleiner Auslöser kann der Ursprung eines riesigen Gedankengebäudes werden. Immer bunter werden die Bilder, bis wir gar nicht mehr wissen, worum es ursprünglich ging. Am Ende einer solchen Reise ins Land aller möglichen Widrigkeiten fühlen wir uns erschöpft und sind fast der Meinung, dass all das Erdachte bereits Realität geworden ist. Umso weniger ist es dann verwunderlich, wenn sich tatsächlich manche Ereignisse in der erdachten Form einstellen. Die Energie folgt den Gedanken. Wir sollten Herr im eigenen Haus werden und unsere Gedanken bewusst einsetzen und uns nicht von ihnen bestimmen lassen.

Hier eine kleine Vorübung für die Erwachsenen

Es empfiehlt sich, die im Folgenden vorgestellten Übungen regelmäßig durchzuführen. 10–20 Minuten am Abend oder am Morgen können viel verändern. Natürlich ist das mit der Disziplin immer so eine Sache – aber es lohnt sich! Hat man erst einmal eine Routine aufgebaut, fällt es sehr viel leichter, sich daran zu halten.

Suchen Sie sich einen ruhigen Platz, setzen Sie sich entspannt und bequem hin, schließen Sie die Augen und beobachten Sie für etwa zehn Minuten Ihre Gedanken. Einfach nur beobachten und schauen, was für welche vor Ihrem inneren Auge auftauchen. Versuchen Sie, nicht zu werten und sich für alles, was in Ihrem Kopf herumgeistert, nicht innerlich niederzumachen. Es geht nur darum, ein Gespür zu bekommen, was im Kopf so »los« ist. In diesen Momenten der Stille findet das seinen Platz, was im Alltag untergeht.

Zehn Minuten können sich sehr lang anfühlen. Es ist gut, sich vorher einen Zeitrahmen zu setzen, denn sonst steht man vermutlich nach zwei Minuten bereits wieder auf, denn es fallen einem sehr schnell viele Dinge ein, die man nun auch ganz dringend erledigen muss.

Wer Schwierigkeiten hat, die Gedanken einfach nur vorbeiziehen zu lassen (und das sind wahrscheinlich die meisten!), kann verschiedene Techniken ausprobieren, die es uns erleichtern, in die Konzentration zu kommen. Im ZEN konzentriert man sich dabei auf den Atem (tief in den Bauch atmen) und zählt die Atemzüge bis zehn, dann beginnt es von vorne. Lassen Sie den Atem kommen und gehen, ohne ihn bewusst zu unterstützen.

Die christliche Kontemplation bedient sich eines Meditationswortes, das die Gedanken konzentriert. Das kann ein beliebiges zweisilbiges Wort sein, das Ihnen guttut, zum Beispiel Liebe, Ruhe, Jesus oder Abwun (aramäisch für Jesus, das »b« wird nicht gesprochen). Zwei Silben bieten sich an, damit man die erste mit dem Einatmen, die zweite mit dem Ausatmen sprechen kann. Sie können auch in Gedanken ein Gebet oder einen Vers, der Ihnen am Herzen liegt, rezitieren.

Ein Beispiel:
»*Möge ich mit Herzenswärme erfüllt sein.*
Möge ich gesund sein.
Möge ich mich friedlich und gelassen fühlen.
Möge ich glücklich sein.«*

Wahlweise kann man hierfür auch jede andere Person einsetzen, der man positive Gedanken schicken möchte.

Sie können sich natürlich auch selbst ein Gebet schreiben, das Ihnen persönlich am besten entspricht.

Diese Momente der Stille sind eine gute Kraftquelle und es ist sehr wirkungsvoll zu üben, diese Stille erst einmal auszuhalten, um sie dann annehmen und genießen zu können. Unser Alltag ist meist sehr schnell und voller Impulse von außen. Da wirken kurze Momente des Innehaltens sehr wohltuend.

---

* Jack Kornfield: *Frag den Buddha und geh den Weg des Herzens*, München 2000, Seite 37

Noch ein Tipp, wenn es mal mit der Stille gar nicht klappt: Es gibt wundervolle CDs mit Fantasiereisen oder Mantras (gesungene Gebete). Das kann manchmal eine gute Hilfe sein, um in die Entspannung zu kommen. Singen spricht unser Herz sehr stark an, die rechte Gehirnhälfte wird aktiviert. Es macht Freude und bringt Leichtigkeit mit sich. Also, fröhliches Trällern, auch wenn sich die Nachbarn vielleicht wundern, was bei Ihnen los ist!

Doch nun zu den Kindern. Ihre Fantasie ist grenzenlos. In den meisten Fällen brauchen sie keine Vorübungen, um sich innere Bilder vorstellen zu können. Manche Kinder sind jedoch mittlerweile so voller Bilder aus Fernsehen oder Computerspielen, dass es ihnen schwerfällt, sich auf eine innere Stille einzulassen.

Am Anfang reichen zwei oder drei Minuten der Übung. Im Laufe der Zeit lassen sich die Fantasiereisen ausdehnen. Es ist nicht jeder Tag gleich. Manchmal gelingt es sehr schnell, sich gedanklich in eine andere Welt zu bewegen, und an anderen Tagen hat man das Gefühl, der Kopf ist so voll, dass für gar nichts anderes Platz ist. Wenn man selbst Meditationserfahrung hat, ist es einfacher, die Kinder zu verstehen. Selbst wenn die Kinder sich nicht einlassen können, sollen sie sich in der Zeit der Fantasiereise still verhalten, wenn möglich auch die Augen schließen. Denn selbst wenn das Kind das Gefühl hat, es sieht keine Bilder, so registriert das Unbewusste etwas.

Die regelmäßige Übung erleichtert den Zugriff auf solche Übungen zur inneren Stabilisation sehr. Damit hat man dann in stressigen Momenten ein Mittel an der

Hand, sich schnell innerlich zur Ruhe zu bringen und sich somit wieder konzentrieren zu können.

Ich möchte Ihnen im Folgenden keine vorgefertigten Texte in den Mund legen, die abgelesen werden müssen. Meiner Erfahrung nach ist es bei frei formulierten Texten leichter zuzuhören. Ich gebe Ihnen aber eine Art Notizzettel an die Hand, mit dem Sie dann Ihren persönlichen Text sprechen können. Am besten lesen Sie sich den Text selbst vorher durch und gehen die Wege mit dem inneren Auge nach, sodass sich schon eine Vorstellung bilden kann. Nun brauchen Sie nur noch den Notizzettel, um Ihrem Kind entsprechend die Fantasiereise gestalten zu können. Sie können auch Musik einsetzen, was viel Spaß macht und die Fantasie ankurbelt. Seien Sie kreativ und probieren Sie alles aus, was Ihrem Herzen entspricht!

Was sollte unbedingt beachtet werden?

Planen Sie für die Fantasiereise genügend Zeit ein, vor allem am Anfang, wenn Sie beginnen, solche Übungen mit Ihrem Kind zu machen. Keiner kann sich entspannen, wenn der nächste Termin schon ansteht und man mit einem Bein schon aus der Tür ist. Wenn alle Beteiligten bereits gut in Übung sind, kann man durchaus einmal eine »schnelle Reise« einschieben, um Kraft zu tanken oder ein inneres Bild zu verstärken.

Sprechen Sie langsam und einfühlsam, aber trotzdem in Ihrer persönlichen Umgangssprache und Stimmlage. Es gibt nichts Schlimmeres als Meditations-CDs, auf denen jemand mit bewusst entspannter und extrem unnatürlicher Stimme versucht, einen einzuschläfern. Natürlichkeit und ein gesundes Einfühlungsvermögen sind hier das A und O.

Zu Beginn der Übung, welche im Sitzen oder Liegen gemacht werden kann, ist es ratsam, erst einmal innerlich zur Ruhe zu kommen. Dazu eignen sich ein paar tiefe Atemzüge in den Bauch, bei denen man nachspürt, wo der Körper die Unterlage berührt. Mit jedem Atemzug sinkt man tiefer auf den Stuhl, in das Kissen, die Unterlage. Die Augen sollten geschlossen sein.

Am Ende jeder Übung ist es wichtig, den Weg ganz zurückzugehen und dem Kind genügend Zeit zu lassen, um im eigenen Tempo die Augen wieder zu öffnen. Ein paar tiefe Atemzüge, ein bisschen Recken und Strecken, dann sind sie wieder da, die lieben Kleinen. Wenn Sie das Gefühl haben, dass das Kind noch nicht ganz anwesend ist oder dass es verträumt wirkt, kann es hilfreich sein, es ein bisschen hüpfen oder sich anderweitig bewegen zu lassen oder ihm etwas zu trinken und zu essen zu geben. Das gibt wieder die nötige Erdung.

Im Anschluss an die Reise ist es unerlässlich, Raum zu geben, wenn das Kind erzählen möchte. Dies sollte aber immer freiwillig sein! Das Kind kann auch ein Bild malen. Wichtig ist der Hinweis, dass es diese Orte aus der Visualisierung jederzeit besuchen kann und sich dort Kraft, Mut, Geborgenheit, Sicherheit usw. holen kann.

Die Kinder vertrauen sich Ihnen in diesen Momenten sehr an und öffnen sich auf einer tiefen Ebene. Dies sollte Ihnen bewusst sein. Begegnen Sie diesen Erlebnissen mit viel Respekt und Achtung. Wertungen oder eigene Wunschvorstellungen sind hier völlig fehl am Platz.

Nun kann es aber endlich losgehen!

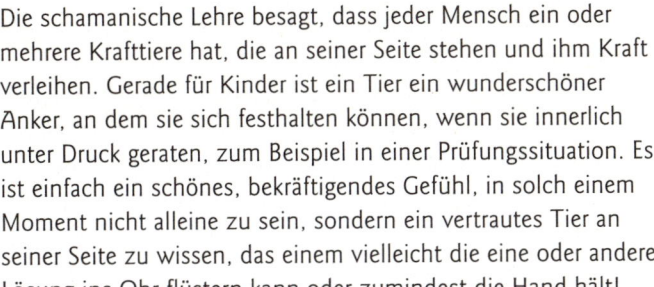

Reise zu einem Krafttier.

Die schamanische Lehre besagt, dass jeder Mensch ein oder mehrere Krafttiere hat, die an seiner Seite stehen und ihm Kraft verleihen. Gerade für Kinder ist ein Tier ein wunderschöner Anker, an dem sie sich festhalten können, wenn sie innerlich unter Druck geraten, zum Beispiel in einer Prüfungssituation. Es ist einfach ein schönes, bekräftigendes Gefühl, in solch einem Moment nicht alleine zu sein, sondern ein vertrautes Tier an seiner Seite zu wissen, das einem vielleicht die eine oder andere Lösung ins Ohr flüstern kann oder zumindest die Hand hält!

Sie beginnen die Reise, indem Sie von zu Hause losgehen, beispielsweise zu einer schönen Wiese. Diese ist voller bunter Blumen, die berührt werden können, an denen man riechen kann. Vielleicht möchte man die ein oder andere pflücken. Mitten auf der Wiese steht ein wunderschöner, kräftiger Baum. Sie können auf den Baum zugehen und sich an ihn anlehnen und seine Kraft im Rücken spüren. Da entdecken Sie eine kleine Öffnung in der Erde, ähnlich einer Fuchshöhle, werden neugierig und kriechen hinein, nachdem Sie um Erlaubnis gebeten haben. Vielleicht steht bereits am Eingang ein Tier, das einen auf dem Weg begleitet oder den Weg nach innen zeigt. Darauf gelangt man an einen besonderen Ort (zum Beispiel große Höhle, See, Feuerstelle, ... den Kindern nur Anregungen geben, sie finden ihren eigenen Ort). Dort wartet ein Tier, das einem guttut, auf das man zugehen möchte, das vielleicht gefüttert oder gestreichelt werden will, das einem etwas sagen möchte, dem man eine Frage stellen kann, das ein Geschenk, einen Glücksbringer für einen hat usw. Am Ende verabschieden wir uns von dem Ort, bedanken uns für alles und gehen langsam den gesamten Weg zurück, durch den Gang, zu dem Baum, über die Wiese, den Weg zur eigenen Wohnung.

Fantasiereise zu einem inneren Wohlfühlort

Die Reise beginnt zu Hause. Man steigt eine imaginäre Leiter hinauf oder hinab, was einem passender erscheint, langsam Stufe für Stufe. Oben bzw. unten angekommen betritt man einen Raum, einen Ort, der in allem dem entspricht, was man selbst zum Wohlfühlen braucht (er kann in der Natur sein, in einem Zimmer, auf einem Regenbogen, alles ist möglich). Dort kann man sich nun umschauen, alles genau erkunden, es sich gemütlich machen und sich ausruhen, neue Kraft tanken, etc. Man kann aber auch seine Wünsche äußern und sich genau vorstellen, wie es ist, wenn sie bereits in Erfüllung gegangen sind. (Dabei ist es wichtig, die Gegenwartsform zu verwenden. Also zum Beispiel: »Ich habe in der Mathearbeit eine Zwei und freue mich sehr!«)

Vielleicht regnet es auch bunte Farben oder man stellt sich unter einen Regenbogen oder unter goldenes Licht. Zum Abschluss ist es wichtig, sich zu bedanken und zu verabschieden und langsam die Stufen wieder hinauf- oder hinunterzugehen.

Dieser Ort kann beliebig oft besucht werden und kann jedes Mal etwas anders sein.

Es berührt mich immer wieder aufs Neue, welch wunderbare Bilder in einer solchen Erfahrung entstehen können, sowohl bei mir selbst als auch bei den Kindern. Es ist äußerst wohltuend, danach ein Bild zu malen, denn oft können Worte allein das Erlebte nicht ausreichend ausdrücken. Wenn Sie selbst noch wenig Erfahrung mit derlei Reisen haben, kann ich Sie nur ermuntern, sich einmal ins »Flugzeug« zu setzen und einen inneren Urlaub anzutreten. Es ist herrlich und sehr herzerfrischend! Die eigene Erfahrung regt auch ihre Kreativität und Kombinationsfreude an.

Alle vorgestellten Reisen können vermischt und individuell ergänzt werden. Es sind keine Grenzen gesetzt, wenn Sie achtsam sind, Ihrem Herzen folgen und die anfangs aufgelisteten Hinweise beachten.

Noch ein Tipp: Die Musiktherapie bietet wunderbare Musikreisen, die sehr tief wirken und unglaublich viel Freude bringen. Im Anhang empfehle ich ein Buch mit CD für alle, die es einmal ausprobieren wollen. Es lohnt sich, einmal einen erfahrenen Musiktherapeuten aufzusuchen, um eine begleitete Musikreise zu machen. Es ist wirklich ein Erlebnis der ganz besonderen Art. Und warum soll man sich nicht einmal einen inneren Urlaub gönnen?

Bachblüten

Die Bachblütentherapie, entwickelt von dem englischen Arzt Edward Bach, ist eine sanfte Möglichkeit, körperliches und seelisches Ungleichgewicht zu harmonisieren und die Persönlichkeit damit zu stabilisieren. Bachblüten sind frei von Nebenwirkungen und können daher Kindern bedenkenlos gegeben werden. Nehmen Sie dennoch die Auswahl mit viel Achtsamkeit vor. Jede äußerlich verabreichte »Medizin« kann innerlich viel bewegen. Deshalb sollten Sie Ihr Kind genau beobachten und ihm nur bewusst und mit dem Herzen ausgewählte Mittel geben. In der heutigen Zeit mutieren wir alle schnell zu selbst ernannten Heilpraktikern, die hier und dort ein bisschen Homöopathie, Schüssler-Salze und Co. verabreichen. Es ist sicherlich in Ordnung, das eine oder andere seinen Kindern zu geben, wenn sie wirklich etwas brauchen. Manchmal habe ich aber den Eindruck, dass wir sehr leichtfertig mit Naturheilmitteln umgehen.

Mittlerweile bin ich zu der Überzeugung gelangt, dass es zusätzlich, vor allem bei tief sitzenden Mustern und länger anhaltenden Beschwerden sehr hilfreich ist, geübte Therapeuten hinzuzuziehen. Sie haben die Erfahrung und ein deutlich fundierteres Wissen, was zu tieferen und langfristigeren Erfolgen führt, weil die Ursachen bearbeitet werden können. Alleine macht man zwar nichts falsch, aber eben auch nicht alles richtig.

Unter diesem Aspekt möchte ich Ihnen im Folgenden einige Bachblüten auflisten, die Ihr Kind bei verschiedenen schulischen Themen unterstützen können. Ich beziehe mich dabei weitgehend auf die Ausführungen von Sigrid Schmidt, deren Buch *Bachblüten für Kinder* wirklich ausgezeichnet und sehr empfehlenswert ist.

Wählen Sie zwischen zwei und sieben Blüten aus, von denen Sie sich spontan angesprochen fühlen. Die Blüten können beliebig gemischt werden. In vielen Apotheken können Sie Bachblütenmischungen nach Ihren Angaben zusammenstellen lassen. Auf ein Pipettenfläschchen mit 30 ml kommen pro Bachblüte 4 Tropfen aus der Stockbottle (so heißen die kleinen Fläschchen, in denen das Bachblütenkonzentrat aufbewahrt wird). Die Mischung kann mit Alkohol oder, für Kinder besser geeignet, mit Obstessig konserviert werden. Diese konservierten Mischungen halten in etwa vier Wochen, was der Behandlungsdauer einer Mischung entspricht.

Als Auswahlkriterien gelten vor allem die Verhaltensweisen des Kindes.

Beschreibung der Blüten

Im Folgenden werden nun die einzelnen Bachblüten beschrieben. Im Anschluss daran finden Sie die Blüten, die zu einzelnen schulischen Themen passen.

Agrimony

Das Kind lässt sich leicht ablenken, ist unkonzentriert und interessiert sich sehr für alles, was in seiner Umgebung passiert. Es albert gerne und macht den »Klassenclown«. Dahinter verbirgt sich ein geringer Selbstwert und die Angst, nicht anerkannt zu werden.

Beech

Das Kind ist an sich eher intolerant und oft unzufrieden mit den Gegebenheiten. Die Blüte hilft, Menschen und Situationen anzunehmen, auch wenn manches nicht den eigenen Vorstellungen entspricht.

Cerato

Das Kind kann sich nur schwer entscheiden und stellt getroffene Entscheidungen und eingeschlagene Lösungswege schnell wieder infrage. Es hat Angst, etwas falsch zu machen, streicht seine Antworten bei einer Arbeit immer wieder durch. Die Blüte hilft dem Kind, Vertrauen in die eigene Meinung aufzubauen.

**Chestnut Bud** (wird auch als »Lernblüte« bezeichnet)
Ihr Kind ist ein kleiner Chaot, hat Schwierigkeiten, sich zu organisieren, macht Flüchtigkeitsfehler, ist scheinbar sorglos und leichtsinnig, verliert leicht etwas und zieht sich schnell eine Verletzung zu. Die Blüte stärkt die Konzentrationsfähigkeit und die Aufmerksamkeit, sie hilft dem Kind, aus seinen Fehlern zu lernen.

**Clematis**
Das Kind ist sensibel und verträumt. In der Schule ist es nicht bei der Sache, weil es lieber in den Tag hinein träumt. Es fehlt ihm die Motivation, etwas zu leisten, meist ist die künstlerisch-kreative Seite stark ausgeprägt. Die Blüte unterstützt das Ankommen in der Realität.

**Crab Apple**
Das Kind neigt dazu, sich zu verkalkulieren. Es fängt viele Aufgaben an und führt keine zu Ende. Es mag keinen Schmutz an den Händen oder der Kleidung. Die Blüte hilft ihm, Wichtiges von Unwichtigem zu unterscheiden.

**Elm**
Zu Hause kann das Kind alles, aber wenn es in einer Prüfung steckt, dann hat es einen »Blackout«, alles scheint wie weggeblasen. Es ist voller Versagensängste und kann sein Potenzial nicht voll zeigen. Die Blüte wirkt gegen das Gefühl von Überforderung.

Gentian
Hilft dem Kind, eine positive Grundeinstellung gegenüber einer neuen Situation, fremden Kindern und Lehrkräften zu gewinnen. Es ist vom Grundtypus eher ein Pessimist, schnell frustriert, wenn etwas nicht auf Anhieb klappt.

Honeysuckle
Unterstützt die Loslösung, wenn die Bindung an zu Hause und an vergangene Erlebnisse zu stark ist. Es hat Angst, wieder in eine ähnliche Misserfolgssituation zu kommen.

Larch
Das Kind fürchtet sich vor Misserfolg und übernimmt ungern Verantwortung. Es hat wenig Vertrauen in die eigenen Fähigkeiten. Die Blüte hilft dem Kind, mehr Selbstvertrauen aufzubauen.

Mimulus
Besonders für ängstliche, schüchterne Kinder, die sich gegen Neues wehren und lange brauchen, sich mit Fremden vertraut zu machen. Die Blüte hilft, mutig zu sein.

Olive
Hilft bei Erschöpfung und Lustlosigkeit. Das Kind ist quengelig, hat keine Motivation und Ausdauer. Dieser Zustand kann nach Krankheit oder dauerhafter Überforderung eintreten, es kann aber auch sein, dass das Kind zu wenig Freizeit hat. Andere mögliche Ursachen, wie zum Beispiel Eisenmangel, sollten von einem Arzt abgeklärt werden.

Red Chestnut
Unterstützt die Loslösung von den Eltern. Das Kind hat eine tief sitzende Sorge um die Familie. Durch die Blüte bekommt das Kind mehr innere Sicherheit und wird selbstständiger.

Rock Water
Ihr Kind ist sehr ehrgeizig und setzt sich selbst einem enormen Leistungsdruck aus. Es hat einen Hang zum Perfektionismus und ist sehr diszipliniert, zuverlässig und pflichtbewusst. Die Blüte verleiht ihm mehr Leichtigkeit und Flexibilität.

Scleranthus
Ihr Kind ist unentschlossen und kann sich nur schwer auf eine Sache konzentrieren. Die eigenen Gedankensprünge machen es ihm schwer, Anweisungen zu befolgen und zuzuhören. Die Blüte baut Entscheidungskraft und innere Stabilität auf.

Star of Bethlehem
Hilft, eine erlebte Enttäuschung (durch Lehrkräfte, Mitschüler, ein neues Geschwisterkind, ...) zu verarbeiten; das Kind wirkt bedrückt und traurig, ist in sich zurückgezogen. Die Blüte ist der perfekte Seelentröster.

Sweet Chestnut
Der erlebte Kummer ist noch stärker als der bei Star of Bethlehem. Es handelt sich um eine tiefe Verzweiflung und Hoffnungslosigkeit.

Vine

Das Kind versucht häufig mit allen Mitteln, seinen Willen durchzusetzen. Der Begriff »kleiner Tyrann« beschreibt es gut. Es kann sich schlecht unterordnen und respektiert keine Autoritäten. Die Blüte hilft, das notwendige Einfühlungsvermögen in andere Menschen zu erlernen, damit das Kind nicht zum egoistischen Außenseiter wird.

Walnut

Diese Blüte unterstützt jede beliebige Art von Veränderung, bei denen Kinder sich neuen Umständen anpassen müssen. Sie unterstützt die Einstellung, dass jeder Neuanfang etwas Positives mit sich bringt.

White Chestnut

Hilft bei Einschlafstörungen, wenn der Kopf nicht abschalten kann, weil zum Beispiel am nächsten Tag eine Prüfung ansteht. Die Blüte ermöglicht es, eingefahrene Gedanken zu durchbrechen und bringt somit Ruhe, innere Klarheit und Konzentration.

Wild Rose

Dem Kind fehlt die Motivation zu lernen, es verhält sich passiv und ihm scheint alles egal zu sein. Häufig liegt die Ursache in tiefen seelischen Verletzungen. Die Blüte hilft, Lebensmut und Lebensfreude wiederzuerlangen.

Bewährte Blüten für Schüler

Bei Neuanfängen und bei Schulwechsel
Gentian, Honeysuckle, Larch, Mimulus, Red Chestnut, Walnut

Bei Ängsten bezüglich der Schule
Gentian, Larch, Mimulus, Beech, Rock Water, Star of Bethlehem, Sweet Chestnut, Vine, White Chestnut, Gentian, Honeysuckle, Larch, Olive, Scleranthus, Wild Rose

Bei Lern- und Konzentrationsschwierigkeiten
Chestnut Bud, Agrimony, Cerato, Clematis, Crab Apple, Pine

Bei mangelnder Motivation
Elm, Wild Rose, Larch, Gentian, Mimulus

Gegen Ängste und Stress in Prüfungssituationen
Mimulus, Gentian, Larch, Elm, Honeysuckle

Bewährte Blüten für Eltern

Es ist sicherlich in vielen Fällen auch sinnvoll, als Erwachsener Bachblüten einzunehmen, zum Beispiel um
- ✕ die Eigenschaften des Kindes leichter zu akzeptieren (Beech),
- ✕ in der Erziehung konsequent zu sein (Centaury),
- ✕ sich bei Entscheidungen bezüglich des Kindes sicherer zu fühlen (Cerato),

- × die Bedürfnisse des Kindes zu erkennen und dieses loszulassen (Chicory),
- × sich nicht überfordert zu fühlen (Elm),
- × Vertrauen in die Fähigkeiten des Kindes zu haben (Gentian),
- × aggressive Gefühle abzubauen (Holly),
- × geduldiger mit dem Kind zu sein (Impatiens),
- × mehr Selbstvertrauen zu entwickeln (Larch),
- × keine Angst zu haben, in der Erziehung etwas falsch zu machen (Mimulus),
- × Erschöpfung zu überwinden (Olive),
- × nicht ständig ein schlechtes Gewissen zu haben (Pine),
- × sich nicht zu viele Sorgen um die Zukunft des Kindes zu machen (Red Chestnut),
- × nicht zu schnell in Panik zu geraten (Rock Rose).

Aromatherapie

Unter Aromatherapie versteht man das gezielte Einsetzen von ätherischen Ölen, um Körper, Geist und Seele in Einklang zu bringen. Man geht davon aus, dass über das Riechsystem und das limbische System im Gehirn Stimmungen und Gefühle erzeugt werden, die das allgemeine Wohlbefinden positiv beeinflussen können. Wichtig bei der Auswahl der Öle ist es, auf eine hochwertige Qualität zu achten. Diese erkennt man daran, dass auf dem Fläschchen »100 Prozent Ätherisches Öl« steht. Meist sind diese auch teurer. In Bioläden und Apotheken findet sich eine reichliche Auswahl. Vertrauen Sie Ihrer Nase und fragen Sie auch Ihr Kind, ob es den Duft im Zimmer haben mag. Ein Duft muss angenehm und passend sein, sonst ist man nur damit beschäftigt, sich innerlich gegen den Duft zu wehren und kommt so garantiert nicht mehr zum Lernen. (Das wäre mal eine nette Ausrede: Ich konnte gestern leider nicht lernen, weil meine Mutter eine Duftlampe angemacht hatte ...!)

Der Einsatz von Ölen ist meiner Meinung nach eine sehr angenehme und sinnlich unterstützende Maßnahme, um den Lernalltag etwas aufzuhellen. Es ist ein schönes Ritual, vor den Hausaufgaben oder abends vor dem Zubettgehen eine Duftlampe anzuzünden. Der Duft erfüllt den Raum und fördert bestimmte Aspekte. Es muss nicht jeden Tag sein und sollte achtsam eingesetzt werden.

Bitte beachten Sie, dass ich in diesem Zusammenhang nur davon ausgehe, dass die Öle in einer Duftlampe verdampft werden (zwei bis drei Tropfen sind ausreichend). Wer Probleme mit Allergien hat, sollte sehr vorsichtig dosieren.

Ich beziehe mich bei den folgenden Ausführungen hauptsächlich auf das umfassende Werk von Ingeborg Stadelmann *Bewährte Aromamischungen*. Die von ihr zusammengestellten IS-Aromamischungen lassen sich bequem über das Internet bei der Bahnhof-Apotheke in Kempten (www.bahnhof-apotheke.de) oder direkt über alle deutschen Apotheken bestellen.

Nun lassen Sie es in Ihren Räumen duften!

Bei Konzentrationsschwäche:

Cajeput: Hat eine wohltuend konzentrationssteigernde Wirkung, riecht krautig-frisch.

Citronella: Wirkt anregend bei Müdigkeit, ohne zu belebend zu sein.

Litsea: Ein frisches, zitronenartiges Öl, das beruhigend und konzentrationsfördernd wirkt.

Rosmarin: Fördert die Durchblutung und regt die Konzentrationsfähigkeit an.

Zitrone: Wirkt aufmunternd und konzentrationsfördernd.

Ingeborg Stadelmann empfiehlt ihre *»Konzentrationsölmischung«* aus Eisenkraut, Muskatellersalbei, Rosmarin, Ysop decumbens, Zitrone und Zypresse. Wer es etwas frischer mag, kann sich für die Mischung *»Konzentrationsöl frisch«* entscheiden, die aus Linaloeholz, Myrte, Nanaminze und Pfefferminze besteht.

Bei Prüfungsangst

Johanniskraut: Man sollte darauf achten, wirklich das wenig bekannte ätherische Öl zu verwenden. Abends vor dem Schlafengehen hat es eine beruhigende Wirkung und macht am Morgen vor der Prüfung Mut.

»Sandmännchenöl« von Ingeborg Stadelmann, bestehend aus Fenchel, Lavendel, Orange und Zirbelkiefer hat eine sehr beruhigende Wirkung, und unterstützt die Verarbeitung der Erlebnisse des Tages.

Wenn sich ihr Kind leicht ablenken lässt

Aromamischung »Luftikus«: bestehend aus Honigwabe, Kamille römisch, Mandarine rot, Sandelholz und

Narde. Hat eine beruhigende und entspannende Wirkung.

Und zum Schluss die Hausaufgabenmischung schlechthin – frisch und motivationsfördernd: »*Hans guck in die Luft*«, bestehend aus Linaloeholz, Litsea, Mandarine und Melisse.

Die beruhigende und entspannende Wirkung tut sicher auch den Eltern gut, denn so ein Hausaufgabennachmittag kann für beide Seiten sehr anstrengend sein!

ANHANG

Schlussgedanken

Nun haben Sie viele kurze Einblicke in verschiedene Bereiche rund um das Lernen bekommen und so manchem schwirrt vielleicht der Kopf. Ich hoffe, Sie konnten in meinem Buch viele Anregungen finden und sind nun hoch motiviert, gleich morgen anzufangen und ALLES umzusetzen, am besten gleichzeitig. So geht es einem häufig, wenn man einen Ratgeber gelesen hat und die Frustration lässt nicht lange auf sich warten. Es bietet sich dann an, gleich das nächste Buch aus dem Regal zu ziehen, um sich wieder in die heile Welt der Ratgebererziehung zurückzuziehen und das Umsetzen in der Realität noch ein bisschen zu vertagen.

Nein, ganz ernsthaft, ich wünsche Ihnen, dass Sie einen guten Zugang zu den verschiedenen Themen gefunden haben und dass Sie das eine oder andere konkret umsetzen. Denn nur das, was wir selbst tun, hat auch die gewünschte Wirkung.

Vielen Dank für Ihre Bereitschaft, sich auf neue Ideen einzulassen und in den Spiegel zu schauen, den Ihre Kinder Ihnen jeden Tag hinhalten. Und sind wir doch mal ganz ehrlich: So schlecht sieht das eigene Spiegelbild doch gar nicht aus, oder?

Ein großes Dankeschön an:

× Alle Kinder, die meinen Weg kreuzen und die mich durch ihre Präsenz sehr bereichern. Oft zeigen sie mir unmissverständlich, worum es eigentlich geht.

× Meine Eltern, Freunde, Verwandte und Kollegen, mit denen ich die ehrliche Begegnung sehr schätze und die mir immer wieder viel Kraft schenken, indem sie an mich glauben und mich daran erinnern, dass ich es auch tun sollte.

× Mein Lektorenteam, dessen Klarheit und menschliche Größe mich bereichert.

× Alle Menschen, denen ich in Seminaren, Fortbildungen und auf meinen Reisen begegnet bin und die meine Gedanken inspiriert haben. Viele dieser gemachten Erfahrungen fließen mit in dieses Buch ein.

× Alle Menschen, die wunderbare Bücher geschrieben haben, die mich immer wieder aufs Neue bereichern.

Ein ganz besonders großer Herzensdank geht an meinen Mann und meine Söhne, die mich jeden Tag neu erleben lassen, was es bedeutet, in Liebe und Respekt gemeinsam zu leben und zu lernen.

Literaturverzeichnis

Aromatherapie
Ingeborg Stadelmann: *Bewährte Aromamischungen*,
München, 5. Auflage 2007 – überarbeitet und ergänzt
seit 2005.
Sehr fundiert, umfassend und praxisnah, übersichtlich.

Bachblüten
Sigrid Schmidt: *Bachblüten für Kinder*, München 2005
Gute Einführung und übersichtlicher Aufbau zur direkten Anwendung.

Ernährung
Christian Wilhelm Echter: *Neue Wege zur Gesundheit*,
Kempten 1996
Sehr genaue Angaben zu Inhaltsstoffen, Heilwirkung und Anwen-
dung von vielen Getreide-, Obst- und Gemüsesorten, ansprechendes
ganzheitliches Gesundheitskonzept.
Jörg Kastner: *Propädeutik der Chinesischen Diätetik*,
Stuttgart 2003
Für alle, die tiefer in die Zusammenhänge der chinesischen Er-
nährungslehre einsteigen und ihre Ernährung sehr genau den
eigenen Bedürfnissen anpassen wollen.
Barbara Temelie/Beatrice Trebuth: *Das Fünf Elemente
Kochbuch*, Sulzberg 1999
Gut verständliche Grundlagenvermittlung, sehr abwechslungsreiche
Rezepte.
Barbara Temelie/Beatrice Trebuth: *Die Fünf Elemente
Ernährung für Mutter und Kind*, Sulzberg 1994
Erklärt gut die Zusammenhänge von Ernährung und Gesamtbefinden,
interessante Aspekte speziell bezogen auf Kinder jeden Alters.

Familie

Barbara Innecken: *Weil ich euch beide liebe*, München 2007

Viele interessante Zusammenhänge, warum Kinder handeln, wie sie handeln, gut umsetzbare praktische Übungen, die einem selbst Klarheit und neue Sichtweisen bringen können.

Jesper Juul: *Was Familien trägt*, München 2006

Sehr eingängig zu lesen und überzeugend, vermittelt entscheidende Grundwerte, die von Achtung und Respekt geprägt sind.

Heidi Maier-Hauser: *Lieben – ermutigen – loslassen*, Weinheim und Basel 2000

Sehr anschaulich und konkret, wie man den Grundgedanken der Montessori-Pädagogik in der Familie umsetzen kann, hoher Anspruch mit viel Wahrheit an die Erziehenden.

Heidi Maier-Hauser: *... dass wir unser Bestes geben*, Weinheim und Basel 2004

Fortsetzung des ersten Bandes, hauptsächlich Praxisbeispiele.

William Martin: *Das Tao Te King für Eltern*, Bielefeld 2005

Ein wunderbares Inspirationsbuch für zwischendurch, sehr weise und gehaltvoll.

Bärbel Mohr: *Lichtkinder*, Burgrain 2005

Viele Ideen, mit Kindern Spiritualität zu leben, sehr anschaulich.

Maria Montessori: *Kinder sind anders*, München 1994

Grundlagenwerk über ihre Pädagogik von großer Dichte und voller Anregungen und Gedanken zum Weiterdenken.

Jirina Prekop/Christel Schwarzer: *Kinder sind Gäste, die nach dem Weg fragen*, München, 7. Aufl. 2008

Leicht zu lesen mit viel Gehalt, viel zum Nachdenken und Umsetzen für alle Lebensbereiche mit dem Kind.

Jirina Prekop: *Erstgeborene*, München, 9. Aufl. 2008
Interessante Erkenntnisse anschaulich beschrieben, über die Bedeutung der Geschwisterposition und die Wichtigkeit, dass jedes Kind in der Familie seinen Platz findet.

Susanne Stöcklin-Meier: *Von der Weisheit der Märchen*, München 2008

Fernsehen

Manfred Spitzer: *Vorsicht Bildschirm!*, München 2007
Ein Muss für jeden, der sein Kind fernsehen lässt, um die Entscheidung fundiert treffen zu können. Sehr wissenschaftlich, zum Teil erschreckende Erkenntnisse.

www.flimmo.tv
Informative Website, über das, was Kinder in welchem Alter sehen dürfen und was sie nicht sehen sollten.

Heilung und Selbsterfahrung

Peter A. Levine: *Trauma-Heilung*, Essen 1998
Gibt Aufschluss darüber, wie blockierte Energien unser Leben negativ beeinflussen können und wie man sich selbst helfen kann.

Anna Elisabeth Röcker: *Musik-Reisen als Heilungsweg*, München 2005
Eine gute Grundlagenbeschreibung. Es ist ein herrliches Erlebnis, die Reisen einmal auszuprobieren und sich eine schöne Zeit zu gönnen.

www.gim-psychotherapie.de
Eine Website, auf der Sie Adressen von qualifizierten Musiktherapeuten finden können.

Kinesiologie

Paul E. Dennison/Gail Dennison: *Lehrerhandbuch Brain Gym*, Kirchzarten 2006

Carla Hannaford: *Bewegung, das Tor zum Lernen*, Kirchzarten 2004

Sehr fundierte, wissenschaftliche Auseinandersetzung mit der Kinesiologie, sehr informativ.

Barbara Innecken: *Kinesiologie – Kinder finden ihr Gleichgewicht*, München, 5. Aufl. 2008

Anschauliche Erklärungen, genaue Beschreibung der Übungen mit Bild, nette Bewegungsspiele und Lieder, in die die Übungen eingebaut sind.

Ludwig Kroneberg/Gabriele Förder: *Kinesiologie für Kinder*, München 1996

Gute grundlegende Erläuterung der Methode, sehr anschaulich. Gut geeignet, um einen Überblick zu bekommen.

Beate Walter: *Brain-Gym mit Maxi. Das Kartenspiel*, Kirchzarten, 8. Aufl. 2007

Schule

Joachim Bauer: *Lob der Schule*, Hamburg 2007

Ein Muss, um das gegenseitige Verständnis von Lehrern und Eltern zu unterstützen.

Heidemarie Brosche: *Warum es nicht schlimm ist, in der Schule schlecht zu sein*, München 2008

Christina Buchner: *Schulerfolg ist machbar*, Freiburg im Breisgau 2003

Viele konkrete Tipps und Umsetzungsmöglichkeiten für Eltern, wie sie ihr Kind unterstützen können.

Jeffrey Freed/Laurie Parsons: *Zappelphilipp und Störenfrieda lernen anders*, Weinheim und Basel 2001

Ben Furman: *Ich schaff's!*, Heidelberg 2007
Ein lohnenswertes und motivierendes Programm in 15 Schritten, um lösungsorientiert mit sich und anderen zu arbeiten.

Spiritualität
Jack Kornfield: *Frag den Buddha und geh den Weg des Herzens*, München 2000
Grundlagen des Buddhismus mit wertvollen Anregungen zur Meditation.
Frances Vaughan/Roger Walsh: *Wahrheit finden*, Zürich 1998
Ausgewählte Texte aus »Ein Kurs in Wundern«, ein echtes Inspirationsbuch.

Theater
Keith Johnstone: *Improvisation und Theater*, Berlin 1997

Veranschaulichende Materialien
Christel Fisgus/Gertrud Kraft: *Morgen wird es wieder schön!*, Donauwörth 2000
Christel Fisgus/Gertrud Kraft: *Hilf mir, es selbst zu tun!*, Donauwörth 2000
Viele konkret umsetzbare Materialien für den Unterricht und die Hausaufgaben, sehr anschaulich.

Verlage, bei denen man Material käuflich erwerben kann
Nienhuis Montessorimaterial
www.kato-montessori.de
www.montessori.at
www.wemont.sagenet.at
www.moka-verlag.com

Wasser

Masaru Emoto: *Die Botschaft des Wassers*, Burgrain 2007

Eindrucksvolle Fotografien von Wasserkristallen aus verschiedensten Erdteilen.

Dr. med. F. Batmanghelidj: *Sie sind nicht krank, sie sind durstig*, Kirchzarten 2006

Hochinteressante Zusammenhänge über die weitgreifende Bedeutung des Wassers für unser Wohlbefinden.

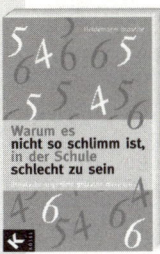